学級システム大全

有松 浩司［著］

自治的なクラス、
進んで動く子どもが育つ

明治図書

はじめに

突然ですが、先生方は学級担任をされていて、次のような悩みを抱えたことはないでしょうか。

・給食の準備や後片づけ、日々の掃除に、子どもたちが一生懸命取り組まない。
・係や当番の仕事が停滞し、いつも子ども同士が仕事を押しつけ合っている。
・授業開始時刻になっても、子どもの学習準備がいつも整っていない。
・出張などで教室を空けると、必ず何か問題が起こる。
・指示待ちの子どもが多く、なかなか自分から進んで動こうとしない。
・毎日事細かに指示や注意をしなければならないので、教師自身が非常に疲弊している。

これらの問題は、たった1つのことで、そのほとんどを解決へと向かわせることができます。それが、本書のタイトルにもなっている**「学級システム」**を整えることです。

どんなに荒れていた学級でも、その先生が担任になると急に学級が落ち着き始める。いつもニコニコしているだけなのに、なぜか子どもたちがいきいきと進んで動く。全国にはこのような学級経営に長けた先生が数多くおられますが、こうした先生方は、必ずと言っていいほど、確かな学級システムを確立しておられます。

ひと口に「学級システム」といっても、日直のシステム、係活動のシステム、給食や掃除のシステム、さらには授業開始前のシステムやノート指導のシステムなど、その内容は多岐に渡ります。本書では、大きく**「子どもが進んで動く学級のシステム」**と**「子どもが主体的に取り組む学習のシステム」**の2つに分けて、それぞれのシステムの具体をお示しします。また、システムを確立したうえで、より自治的なクラスを目指すために必要となる、子どもたちのほめ方や挑戦の機会の与え方についても適宜解説します。本書が少しでも、学級づくりに関して、日々悩みを抱えておられる先生方のお力になれれば幸いです。

さあ、学級システムのつくり方について学び、明日からの学級経営に生かしていきましょう。そして共に、自治的なクラス、進んで動く子どもを育てていきましょう!

有松浩司

2023年1月

目次 CONTENTS

第2章 子どもが主体的に取り組む学習のシステム

2 「学習規律」のシステム

3 「ノート指導」のシステム

4 「学習活動」のシステム

第0章
自治的なクラス、進んで動く子どもに育てるために大切なこと

子どもが進んで動く学級をつくるには？

「先生のクラスは、まったくシステムができていないよ」

自治的なクラスをつくりたい。進んで動く子どもを育てたい。これらは、日本全国すべての先生方が、共通して抱いている願いではないでしょうか。

今から20数年前。教員になったばかりの私もそうでした。担任を受け持ったら、何でも子どもたちのやりたいことをやらせてあげよう。わざわざ教師が指示をしなくても、どんどん進んで動くクラスづくりをしよう。大きな夢と希望を胸に、はじめて教壇に立った日のことを、今でもはっきりと覚えています。

しかし、その夢と希望は、わずか数日間で見事に打ち砕かれました。私の抱いていた理想とは遠くかけ離れた現実が待っていたのです。例えば、係活動1つとってみてもそうでした。係の仕事を自分たちで決めて、張り切る子どもたち。最初こそどの子も意欲的に取り組みますが、次第に仕事をさぼる子がちらほらと出始め、頻繁にクラスで言い争いが起こるようになりました。

給食当番に関しても、子どもたちの自主性にすべて任せていたために、だれが何の仕事をするのか、おかわりはどうするのか、食器の片づけはだれがするのか、何もかも決まっていなかったため、子ども同士の口論が絶えず、落ち着かない日々が続きました。

最初こそ優しい笑顔で子どもたちを包み込んであげようと張り切っていた私ですが、次第に大声で叱責することが多くなり、その結果、子どもたちとの人間関係もどんどん悪化していきました。毎日叱られるのだから、次第に反発する子も当然出てきます。教室は散らかり、授業も落ち着かず、わずか1か月で、クラスの状態はどんどん悪化していきました。

ちょうどそのころ、初任者研修で丸一日クラスを空けることがありました。研修を終えて学校に戻ると、その日クラスを見てくださった指導担当の先生から言われました。

「先生のクラスは、まったくシステムができていないよ」

この日から、私の学級システムづくりがようやく始まったのです。

ようやく落ち着きを取り戻した子どもたち。でも…

　私は自分の学級経営を見直し、早速クラスのシステムづくりに取りかかりました。指導担当の先生に相談したり、自分で書籍を集めて勉強したりしながら、朝学校に来たら何をするか、係の仕事をどうするか、掃除や給食当番、教室移動の仕方など、学級の細かいルールを決めていくようにしました。もともと何かを始めると、とことんやらないと気が済まない性格なので、子どもたちが学校に来てから帰るまでの間、考えられるすべての決め事をノートに書き出し、細かいシステムを構築のうえ、徹底的に管理しました。

　その結果、クラスは落ち着きを取り戻すようになり、様々なことがうまく回るようになりました。先輩の先生方からも、「クラスが落ち着いている」「子どもたちがよく動いている」と評価されるようになり、少し学級経営に自信がもてるようになりました。

　ところが、教員になって数年が経ったころ、そんな自分の学級経営に、疑問をもつ出来事がありました。そのときは5年生を担任していて、時期は3学期だったと思います。もうすぐ卒業する6年生のために、「6年生を送る会」を5年生が企画して、運営することになったときのことです。

学級会を開いて、どのような会にするか話し合いをしていた際、子どもたちからまったくアイデアが出ないのです。仕方なく私からいくつかアイデアを出し、形式上は子どもたちが運営していることになっていましたが、具体的な動きについては、ほとんど私が決めて、私の細かい指示のもと、なんとか会を進めることができた、という状況でした。

このことをきっかけに、もう一度自分の学級経営を振り返ってみました。確かに、子どもたちは私の言うことをよく聞き、決められたシステム通りによく動きます。しかし、子どもたちの様子を見てみると、それは決して自治的とは言えず、本当の意味で進んで動いているとは言いがたい状況でした。その証拠に、子どもたちは事あるごとに、「先生、○○してもいいですか？」と必ず確認をとるようになっていました。システム通りに動いていないことで私に注意されるのを恐れていたのだと思います。一人ひとりの表情も、いつも何かにおびえており、どこか暗いものであったと記憶しています。

そのような学級経営をしていたのだから、「6年生を送る会」を企画する際、大したアイデアが出てこないのも無理はありません。なぜなら、**自分たちで考えて行動する、新しいことに進んで挑戦するということに、日々取り組ませてこなかったから**です。私自身、何が正解であるのかまったくわからず、再び頭を抱える日々が続きました。

自主性に任せるべき？　細かいシステムをつくるべき？

冒頭から私の失敗談ばかりをずらずらと書き綴ってしまいましたが、子どもたちの自主性にすべてを任せた場合と、細かいシステムをつくって子どもたちを徹底的に管理した場合、それぞれのメリット・デメリットをまとめると、次のようになります。

子どもたちの自主性にすべてを任せた場合

○メリット

・子どもたちがやりたいことを自由に行うことができる。

・子どもたちがのびのびできる（解放感がある）。

▲デメリット

・細かい取り決めがないので、学級が回らない。

・子どもたちのもめごとが増え、学級が落ち着かなくなる。

・教師の叱責が増え、人間関係が悪くなる。学級崩壊にもつながる。

細かいシステムをつくって子どもたちを徹底的に管理した場合

〇メリット

・どう動けばよいのかがわかるので、学級がスムーズに回る。
・もめごとが減り、教師が叱ることが少なくなる。

▲デメリット

・教師の指示がなければ動けない、いわゆる「指示待ち人間」が増える。
・子どもたちが萎縮し、教師の顔色ばかりをうかがうようになる。
・自分たちでアイデアを出し、企画・実行する力がなかなか育たない。

では、どちらがよいのでしょうか。学級崩壊が起きない分、後者の方がよいのではと思われる方もいると思います。ですが、私はそうは思いません。変化の激しい社会を将来生きていく子どもたちにつけるべきは、**決められたことに素直に従うだけでなく、自分で考え、行動する力**だと思います。では、どうすればよいのか。数年かかって、私はようやく1つの答えにたどり着くことができました。次ページから詳しく解説していきます。

自治的なクラスをつくる方法
―その答えは、「守」「破」「離」

ある先生の授業との出会い

学級のシステムが整っており、かつ子どもたちが進んで動く。こんなクラスをつくるためにどうすればよいのか。その答えに出会ったのは、教員になって10年以上経ってからのことでした。それは、ある尊敬する先生の授業との出会いがきっかけでした。

その先生は、図画工作科を専門とされている方ですが、子どもたちに何かを制作させる際、どんな材料を使うのか、どのような方法で制作するのか、必ず最初は何か条件を提示されます。つまり、型（条件）を明確に示すのです。

ところが、実際に制作しているうちに、子どもたちは何かしら新しい発想で作品をつくろうと、自らの意思で動き始めます。例えば、違う材料を使ってみたり、違う表現の仕方を試したり、という具合です。その先生は、必ずその瞬間を見逃さず、「新しい方法だね。よく考えたね」と肯定的評価をしておられました。時にはその子のまわりに全員を集めて、「見てごらん。〇〇さんは、先生が示したのとは別の方法で表現しようとしているよ。すごいことだね」と、全体にその発想のよさを広げようとしておられました。すると他の子も、「そんな方法があったのか。それなら自分も…」と、どんどん新しい発想を広げようと動き始めました。授業の後半は、ほとんど子どもたち任せです。思い思いに自分のやりたいことをやりたいように進めていきます。どの子も本当にいい表情で、いきいきしていました。最終的には、先生が授業の冒頭で示した方法をベースとしつつも、新しい作品が次々と生み出されていったのです。

　長年学級経営で悩んでいたことの答えが、明確に見つかった瞬間でした。つまり、最初は、係活動や掃除当番、給食当番、日直の仕事など、**守るべき「型」を示す（守）**。しかし、その「型」にとらわれるのではなく、**その「型」をよりよい方法に改善しようとする子を見つけて、積極的にほめる（破）**。そして最後は、**思い切って子どもたちに任せてみる（離）**。この「守」「破」「離」こそが、自治的なクラス、進んで動く子どもを育てるために、最も大切なことだと気がつきました。

「守」―4月は学級のシステムを確立させる最も重要な時期

4月。クラスが替わり、新しい担任の先生のもとでの1年がスタートします。大きな期待と不安を抱えるこの時期、最も大切なのは、様々な学級のシステムを確立させることです。係活動や給食当番、掃除当番、朝の会や帰りの会、さらに細かいことを言えば、宿題の提出の仕方や教室移動の仕方、発言の仕方やノートの書き方など、数えればきりがないほど、その項目は多岐に渡ります。

具体的なシステムのつくり方については、次章で詳しく解説しますが、とにかく声を大にして言いたいのは、**この時期のシステムづくりに力を入れるか手を抜くかで、1年間の学級経営が大きく左右される**ということです。学級担任としては、最も神経を使い、疲労感も大きい時期ではありますが、1年間落ち着いた学級をつくりたかったら、この時期に徹底的に力を注ぎ、しっかりとした準備を行うことをおすすめします。

システムは教師が一方的に決めてもかまいませんし、子どもたちと相談のうえで決めてもかまいません。しかし、何もかも子どもたちに相談していると、いくら時間があっても足りないので、多くは教師が決めてしまってもかまわないと思います。

春休みの準備期間も活用し、少なくとも次の内容については、学級開きまでに、もしくは学級開き後の3日以内にはシステムを確立するようにしましょう。

・朝学校に来てからの動き方（提出物の出し方など）
・朝の会や帰りの会の内容、進め方
・日直の仕事
・係、給食当番、掃除当番の仕事
・授業の基本（発言の仕方、ノートの書き方など）
・教室移動など、安心・安全な生活を送るためのルール
・宿題の内容、進め方（忘れた場合どうするかも含む）
など

これらの内容について、徹底的にシステムを確立させます。つまり、「守」を、教師と子どもたちとでしっかりと共有するのです。**実際に試してみて、システムに問題があれば、ためらわず、どんどん改善していきましょう。**

「破」――いい意味で型を破ろうとする子どもを見つけてほめる

子どもの様子をよく観察していると、「守」を大切にしながらも、それをいい意味で「破」ろうとする子が時折見られます。例えば、掃除時間にこんなことがありました。

ある子が、自分の与えられた掃除場所を一生懸命きれいにしていました。早めに取りかかり、だれよりも一生懸命掃除に取り組む子です。当然、掃除時間が終了する前に、ほとんどの仕事が終わってしまいます。

その子がどうするかを注意深く観察していました。すると、突然私のところへ来て、

「先生、掃除場所が終わったので、他のところもきれいにしていいですか？」

と聞いたのです。当然私は、

「すごいね。決められた場所だけでなく、他のところもきれいにしようとしてくれているのだね。ありがとう！」

と返しました。この姿に感動した私は、早速その日の帰りの会でこのことを話しました。

「今日の掃除時間に、〇〇さんが『自分の掃除場所が終わったから』と言って、進んで他の場所を掃除してくれていたんだよ。先生、すっごくうれしかったです」

すると、翌日から、少しでも早く自分の分担場所をきれいにして、他の場所を進んで掃除しようという子がたくさん現れました。もともと人数が足りず、窓拭きなどは日々の掃除には取り入れていなかったのですが、進んで窓を拭いたり、本棚をきれいにしたり…。その姿に対して、私はただひたすら「すごいなぁ」「ありがとう」を繰り返すだけです。今では何も言わなくても、どんどん子どもたちが自分で仕事を見つけて動いてくれます。

　このように、子どもたちの様子をよく観察していると、みんなで決めたルール（システム）を、いい意味で破ろうとする姿がちらほら見られます。進んで係の仕事を増やそうとする子、大変そうな日直を見て進んで手助けをしようとする子、1ページと決められている自主学習を2ページ以上取り組んでくる子…。教師として大切なのは、**この瞬間を見逃さず、しっかりとほめること**です。「〇〇さんはすばらしい」「立派」というほめ言葉ももちろんありますが、「ありがとう」「うれしい」「本当、助かる」「感動したよ」「泣けちゃう」、こんな言葉が一番子どもたちの心に響くのかなと思います。

　悪い意味で「守」を「破」ろうとしている子にはもちろん厳しい指導が必要です。しかし、いい意味で「破」ろうとしている子は、どんどん認め、ほめ続ける。これが自治的なクラスをつくる第一歩と言えるでしょう。

「離」――失敗大歓迎！　時には思い切って子どもに任せてみる

失敗はだれだって嫌なもの。できれば避けて通りたいと思うのが当然です。ですが、先生方自身のこれまでの人生を振り返ってみてください。少なからず、何か大きな失敗をして、それが大きな教訓になったということはあると思います。これは子どもにとっても同じこと。時には失敗してもよいので、思い切って子どもに任せてみることが大切です。

2年生が、新1年生をお迎えする会を計画したときのことです。新1年生を喜ばせたいと、いろいろな遊びを企画する子どもたち。ですが、話し合いの段階から、いろいろな点で準備が足りないのは目に見えてわかっていました。教師があれこれ助言をして、段取りをつけてあげれば当然会はうまくいきます。ですが、このとき私は、あえて子どもたちに失敗を経験させることにしました。

お迎えする会の当日。いざ遊びを行おうとしても、道具の準備ができていません。慌てて道具を探しに行く2年生の子どもたち。新1年生は待ちぼうけです。遊びのルールも曖昧で、1年生が退屈している様子が目に見えてわかりました。

教室に帰ってから、落ち込む子どもたちに、「このままで終わっていいの？」と投げかけました。すると子どもたちは、「もう1回やりたい」「今度こそ成功させたい」と目を輝かせていました。そこで、どうしてうまくいかなかったのかを子ども自身に考えさせると、「前もって準備をしていなかった」「遊びのルールが難しすぎた」「だれが何をするのかをちゃんと決めていなかった」などの意見が出されました。

数日後、今度はしっかりと準備をして、やり直しの会を行いました。するとどうでしょう。会が始まる前から進んで準備をしたり、テキパキと会を進めたりする姿が見られました。結果は大成功。新1年生に楽しんでもらい、どの子も満足した表情を浮かべていました。それからしばらくして、今度は生活科でつくったおもちゃを、1年生に楽しんでもらうという会が計画されました。そのときは、私自身も驚くほど、自分たちで計画・準備を進める姿が見られました。

このように、子どもたちは日々、失敗を経験して学んでいくものです。もちろんやり直しのきかない、失敗の許されない行事等もたくさんありますが、それらを除けば、**一度や二度失敗しても大きな問題はない、むしろ、その方が大きな教育的効果を得られるということはたくさんあります**。時には、思い切って「離」を経験させる。本来の「守」「破」「離」の意味とはやや異なるかもしれませんが、大切な視点だと考えます。

子どもが進んで動くのはどういうときなのかを熟知しておく

子どもが進んで動くのはどういうときか

ここまで、「守・破・離」を基本とした学級経営について述べてきました。ここで改めて本書のタイトルに戻って、「子どもが進んで動く」のはどういうときなのかについて考えてみたいと思います。子どもが進んで動くのは、主に次の4つだと考えています。

①何をすればよいのかがはっきりとわかっているとき。
②自分のやりたいことがあるとき。または、やりたいことがその先にあるとき。
③自分の行いが、人のためになる、だれかの手助けになるとき。
④自分の行いがだれかに認められたとき、ほめられたとき、ほめられたいとき。

何をすればよいのかがはっきりとわかっていれば、子どもは進んで動く

先生方は、朝出勤してから何をしておられますか。出勤簿に印を押す、職員室のパソコンを起動させる、その日の授業の準備をする、中にはコーヒーを入れてほっと一息という先生もいらっしゃるでしょう。こうした行動が迷いなくとれるのは、先生方が、朝職員室に入ってから、何をすればよいのかがはっきりわかっておられるからです。

反対に、教員になった初日のこと、または転勤して新しい学校に行った初日のことを思い出してみてください。何をすればよいのかがわからず、不安で落ち着かなかったということはありませんか。つまり、**何をすればよいのかがはっきりわかっていることは、大人であっても、子どもであっても、とても大切なこと**なのです。

それゆえ、子どもたち一人ひとりに、学校に来てから帰るまで、例えば宿題をどのように出すのか、給食をどのように配膳するのか、掃除時間に何をするのか…数えるときりがありませんが、その一つひとつを、まずは教師自身が確立させ、確実に子どもたちに伝えることが大切です。よく「自分で考えて行動しなさい」と激しく叱責する先生を目にしますが、まずはどのように行動すべきなのか、丁寧に教えてあげることが先決でしょう。

自分のやりたいことが目の前に、またはその先にあれば、子どもは進んで動く

自分のやりたいことが目の前に、またはその先にあれば、間違いなく子どもは進んで動きます。第1章4節でも取り上げていますが、給食の片づけを例に説明します。

多くの学級では、給食時間が終了し、「ごちそうさま」をしてから片づけを行わせていると思います。すると、当番の子が仕事を放棄して遊びに行ったり、だれも片づけをせず、結局は教員が片づけをする…ということが頻繁に起こります。一刻も早く外へ出て遊びたいという思いが、仕事をしなければいけないという思いに勝ってしまうのでしょう。

一方で、給食時間終了5分前に片づけを始めさせ、完璧に片づけが終わらないと、全員昼休憩に移れないというルールを設けるとどうでしょう。子どもたちは、時間内に終わらせて遊びに行きたいという思いから、必死で協力して片づけを行います。さらに教師がOKを出さないと遊びに行けないというルールを設ければ、黙っていても完璧な片づけが行われます。

自分のやりたいことであればもちろん、その先にやりたいことがあれば、子どもたちは進んで動くものです。このことを教師自身が熟知しておくことが大切です。

人のためになる、だれかの手助けになるとき、子どもは進んで動く

人のためになる、だれかの手助けになるというときも、子どもは進んで動きます。このことをはっきりと認識したのは、最高学年である6年生を担任したときのことです。

6年生と言えば、1年生のお世話がつきものです。配膳の準備、掃除のお手伝い、1年生を迎える会の企画や運営。6年生を担任したことがある先生方は、そのときの子どもたちの表情を思い浮かべてください。とてもいい表情をしていたのではないでしょうか。1年生のために何か力になりたい。1年生の手助けをしたい。このような思いが子どもたちをつき動かしているのだと思います。

このように、子どもたちはだれかの助けになりたい、何かに貢献したいという思いを強くもっています。このことを教師がしっかりと理解しておくことが大切です。

例えば、掃除をがんばっている子に対して、先生方はどのように声をかけますか。「えらいね」「立派だね」という声かけももちろん悪くはありませんが、「すごく助かるよ」「うれしい、ありがとう」といった声かけの方が、「だれかのためになりたい」という思いを根底に抱いている子どもたちを進んで動かすうえで一層効果的だと考えます。

自分の行いがだれかに認められたとき、ほめられたとき、子どもは進んで動く

ある子に「すごい！　姿勢がいいね」とほめると、ほめられた子はもちろん、他の子も進んでよい姿勢をしようと動き始めます。このように、自分の行いがだれかに認められたとき、ほめられたとき、そしてほめられたいときに子どもたちは進んで動くものです。このような場合、ほめられた人を見て、自らの意思で動き始めた2人目、3人目を絶対に見逃してはいけません。「あっ、〇〇くんも、△△さんも。すごい！　どんどん姿勢がよくなった！」このように、**2番目、3番目の子を続けてほめることが大切**です。

子どもたちを動かす最善の方法は、とにかくほめること。本書では、様々な生活場面、学習場面におけるシステムのつくり方を紹介していますが、すべてはほめることが土台になっています。よりよい学級をつくろうと思ったら、とにかくほめ上手になりましょう。

ここまで、「守・破・離」を基本としたシステムのつくり方や、子どもたちの動かし方について述べてきました。次章より、いよいよその具体的な方法について解説していきます。様々な方法を学び、子どもが進んで動く学級のシステムを構築していきましょう！

第1章

子どもが進んで動く学級のシステム

❸自己紹介で楽しく出会いを演出する

子どもたちと教室で過ごすはじめての時間。キラキラと目を輝かせる子どもたちと一緒に，互いに自己紹介を行います。どうせ自己紹介するなら，楽しく出会いを演出したいものです。おすすめは，「教師の自己紹介クイズ」と「子どもの自己紹介ゲーム」です。最初の１時間からたくさんの笑い声と拍手が飛び交い，温かい雰囲気が生まれます。

❹教師の願いと基本的なルール（システム）を伝える

楽しくゲームで盛り上がったところで，一度子どもたちを集中させ，教師からの願いを伝えます。どんなクラスにしたいのか，どんなことを大切にしてほしいのか，教師としての思いを熱く語りましょう。同時に，掃除や給食当番など，初日から必要だと思われる内容に関しては丁寧に説明を行い，しっかりとシステムを確立させましょう。

❺下校前に教師が１日の感想を述べる

学級開きの日の下校前。この時点ではまだ帰りの会のメニューが決まっていなくてもよいと思います。それよりも大切なのは，この１日の終わりに教師が何を語るかということです。出会いの１日，教師として何を感じたか，どんな子どもたちの望ましい姿があったか，具体的に語ってあげましょう。きっと翌日も学校に来るのが楽しみになるはずです。

1

「学級開き」のシステム

システムのポイント

❶「準備」でほぼ100% 決まると心得る

校内人事で担任が決まってから学級開きまでわずか１週間程度。短い期間ですが，ここでどれだけ準備をするかで１年間の学級経営に大きな差が生まれます。前担任の先生からしっかり情報収集をして，いろいろなシステムを構築していきます。校務分掌もあり，非常に忙しい時期ですが，よりよいクラスをつくるために，しっかりとした準備を行いましょう。

❷出会ってすぐに自治的なクラスづくりを始める

多くの学校では，体育館または運動場で始業式が行われ，その後担任の先生の指示で動くという流れになると思います。並んでいる子どもたちの前に立った瞬間から，すでに自治的なクラスづくりは始まっています。教科書や荷物の運搬，高学年であれば体育館の片づけなど，いろいろな仕事があるはず。この機会を利用して，進んで動くことの喜びを実感させましょう。

「準備」でほぼ100%決まると心得る

最低限必要なシステムを始業式までの1週間で構築する

4月初日。校長先生から校内人事の発表があり、いよいよ新しい年度のスタートです。職員会議や校務分掌に加え、教材の注文や教室の整備など、教師としてやらなければならない仕事が一気に押し寄せます。私も教師としてのスタートを切った初日、「学校にはこんなにも仕事があるのか…」と青ざめたことを今でも記憶しています。

しかも、教師としてのキャリアを積めば積むほど、校務分掌の仕事が多くなり、なかなか担任の仕事に取りかかれないというのも現実でしょう。それでもあえて声を大にして言いたいのは、**学級開きに向けての準備は、絶対に手を抜いてはいけない**ということです。なぜなら、その準備の良し悪しで、クラスの1年間の良し悪しが決まってしまうからです。

では、その準備には、具体的にどのようなものがあるのでしょう。私の場合、少なくとも以下のことについては、抜かりなく準備を行うようにしています。

①靴箱・ロッカーの整備

靴箱と教室のロッカーには、必ず名前シールを貼ります。中もきれいに掃いたり拭いたりして、初日から気持ちよく使えるようにしてあげましょう。

②机・椅子の整備

机や椅子は、高さを調整したうえで整然と並べます。また、高学年であっても、机と椅子の両方に名前シールを貼ります。シールを貼っておけば、登校した子から迷わず席に着くことができますし、今後授業で配置がバラバラになったときなどに、だれのものかわからなくなって混乱するというリスクを避けることができるからです。

③教室の清掃

教室の清掃を忘れずに。花瓶に花も入れて、気持ちよく子どもたちを迎えます。

④黒板へのメッセージ

子どもたちを温かく迎えるメッセージを黒板に示します。本来は手書きといきたいところですが、字体から始業式前に担任がわかってしまうのもよくないので、私はパソコンで作成したものを黒板に貼っておくようにしています。

⑤給食当番・掃除当番の分担表

学校にもよると思いますが、私の勤務校では、初日から給食や掃除があります。細かいシステムを子どもたちと相談しながらつくっていくという方法もありますが、「だれがどこを掃除する？」などと話し合っていると、初日から学級が回らなくなります。このあたりは割り切って教師が決めてしまい、初日からスムーズに行えるように、分担表などを作成しておきましょう（給食や掃除のシステムについては、後に詳しく解説します）。

⑥学級開きの準備

学級開きの出会いをどう演出するか。この準備は絶対に怠らないようにしたいものです。次項で詳しく解説しますので、参照してください。

⑦最初の授業（学級活動ではなく教科）の準備

私の場合、初日から1～2時間は教科（国語や算数など）の授業を行います。ここで「今年の担任の先生の授業は何か違う！」と思わせることができるかどうかが勝負の分かれ目です。自信のある教材を用意し、しっかり準備しておきましょう。

もちろん①～⑦にあげた内容以外にも、準備すべきものはたくさんあります。例えば、朝の会や帰りの会の内容などもその1つです。ですが、何もかもを教師1人で決めようとせず、多少は子どもたちと相談のうえ決めていくものも残しておくとよいでしょう。私の場合は、「朝の会や帰りの会は今まで何をしていた？」「今年はどんなことをしたい？」と初日に子どもたちに聞いたうえで、2日目や3日目からスタートさせるようにしています。

なお、前担任の先生としっかりと連携を取り、個々の子どもの情報（性格・学力・家庭環境など）を収集しておくことはもちろん、どのようなシステムで学級を運営していたかを聞いておくことも大切です。何もかも新しいシステムにしようとせず、前学年のシステムをそのまま引き継ぐなど、柔軟に決めていきましょう。

出会ってすぐに自治的なクラスづくりを始める

最初の仕事は荷物運びや片づけ

始業式。緊張の表情を浮かべる子どもたちに、校長先生による担任発表が行われます。始業式終了後、多くの場合、子どもたちと一緒に教室に戻る流れになると思います。子どもたちに近寄ると、うれしそうになついてくる子もいれば、少し教師と距離を取ろうとする子、中には不安そうな表情を浮かべる子もいるかもしれません。大切なのは、そんなことはおかまいなしに、「○○先生です。みんなよろしくね」と、とにかく明るく振る舞うことです。子どもたちとの関係は徐々に築けばよしと割り切りましょう。

その後、学校にもよりますが、教室に戻る前に、新しい教科書を運んだり片づけをしたりと、何かしら作業があると思います。この機会を生かさない手はありません。「そういえば、教科書や荷物を○○室に取りに行かなくてはいけないんだよね。だれか手伝ってくれないかな…」とつぶやいてみましょう。きっと多くの子どもたちが「行きます！」と手をあげてくれるはずです。そこで、「手伝ってくれるの？　すごいなぁ。みんな働き者だね」と言いながら仕事を与えます。もちろん、ここでは動こうとしない子が数名いてもかまいません。間違っても、いきなりその子たちを叱責することがないようにしましょう。**あくまでも進んで動いてくれる子を見つけ、しっかりとほめることが大切**です。

高学年であれば、いきなり体育館の片づけや入学式の準備などがあるかもしれません。ここでも同様に、進んで働いている子をどんどん見つけて、しっかりとほめるようにします。「よく働くなぁ。すごいなぁ」「ほうきの使い方が上手だね」「がんばってくれているね。ありがとう」とほめられてうれしくない子はいません。「ほめて動かす」は学級づくりのすべての基本とも言えるでしょう。

もちろん教科書を運んでくれたり、片づけをがんばってくれたりした子どもたちへの最後の声かけも忘れずに。「ありがとう」「助かったよ」「みんなやさしいね」「こんなクラスの担任になれてうれしいなぁ」。こんな言葉で、温かい雰囲気をつくっていきましょう。このように、出会った瞬間からすでに自治的なクラスづくりは始まっているのです。

自己紹介で楽しく出会いを演出する

クイズで行う教師の楽しい自己紹介

教室で子どもたちと過ごす最初の時間。先生方はどんなことを行われているでしょうか。自己紹介をしたり、教師の願いを伝えたりと、様々な方法が考えられますが、いずれにしても、教師と子どもとで過ごすはじめての時間です。子どもたちがこれからの1年間に大きな期待を抱くよう、楽しく出会いを演出したいものです。

私の場合は、いろいろなクイズを出しながら自己紹介を行うようにしています。子どもたちはクイズが大好きです。間違いなく盛り上がりますし、最初の1時間からたくさんの子に発言させることができます。具体的なクイズを次ページからいくつか紹介します。口頭のみでも実施できますが、スライドを示しながら行えば、なお効果的です。

おすすめは、「教師の名前漢字当てクイズ」です。以下のような流れで行います。

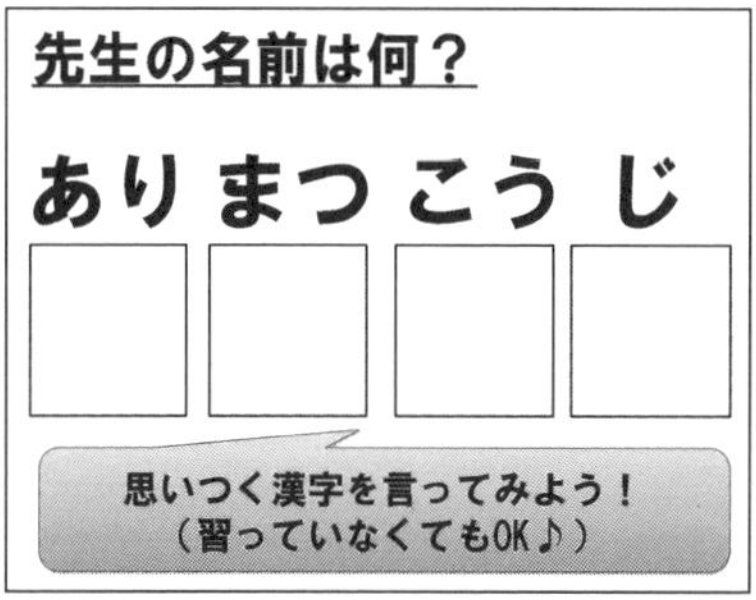
先生の名前は何？
ありまつこうじ
思いつく漢字を言ってみよう！
（習っていなくてもOK♪）

①教師がひらがなで名前を書く（またはスライドを示す）。
②思いつく漢字をいくつも考えさせる。挙手した子をどんどん指名し、前に出てチョークで書かせる。すぐに正解を言わず、他にも同じ読み方をする漢字がある場合はどんどん書かせるとよい。
③最後に正解を示す。このとき、たくさん考えたことをしっかりとほめるのを忘れずに！

私の場合は、3文字目の「コウ」と読む漢字を考えさせる場面でいつも盛り上がります。「校」「高」「光」「工」「公」…、以前6年生で学級開きを行った際は、20個以上も出て、大きな盛り上がりを見せました。もちろん教師の氏名の中に習っていない漢字があってもかまいません。最終的に「先生の名前はこういう漢字なんだよ。みんな覚えてね」と教えてあげればそれでOKです。

このほかにも、「教師の年齢当てクイズ」「教師の出身地当てクイズ」「教師の性格当てクイズ」などもおすすめです。

先生は何才？

大ヒント！

□□才

（十の位の数）と（一の位の数）の差が1

年齢を公表してもかまわないという先生におすすめ。十の位と一の位の数の関係性をヒントにすると盛り上がる。

先生の育った場所は？

3ヒント！

① 竹原市より西

② 肉じゃが

③ 大和ミュージアム

出身地や住んでいる場所にまつわるクイズ。社会科の市や町の学習の復習にもなる。県外出身なら一層盛り上がるかも！

先生の性格 当たっているのは？

ドジ　きれい好き　いいかげん

おもしろい　超まじめ

おこりっぽい　忘れ物が多い

涙もろい　本が好き　早食い

太っ腹　おちゃめ

正解は…　みんなで考えて！

「何度でも挙手していいよ」と伝え、一つひとつ確認する。「正解はこれから1年間みんなで考えて」と締めくくる。

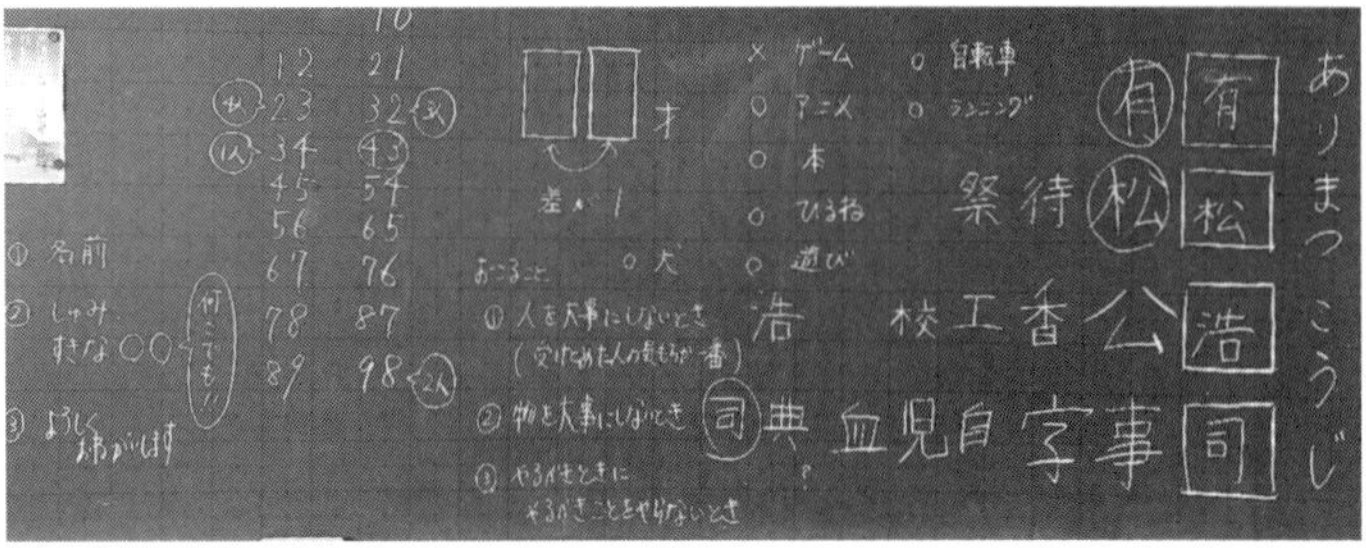

スピーチやゲームで行う子どもの楽しい自己紹介

教師の自己紹介が終わると、今度は子どもたちの自己紹介を行います。上のスライドのようなパターン（型）を示し、だれでも気軽に話せるような雰囲気をつくります。その際、**「他にも紹介したいことがあったらどんどん話していいからね」と補足するのがポイント**です。①～④以外に、自分で話題を見つけて話せた子は、どんどんほめてあげましょう。

> **みんなも自己紹介
> いってみよう♪**
>
> **①名前**
> **②好きな〇〇
> （いくつでもよい）**
> **③最近はまっていること**
> **④一言**

時間に余裕があれば、この自己紹介にゲームを取り入れることも考えられます。すぐにできるおすすめのゲームは、**「じゃんけんインタビュー」**です。

①出会った人とじゃんけんする（男女交互にペアをつくるなどのルールもよい）。
②じゃんけんに勝った方から順に、相手に好きな食べ物や好きな教科、趣味など、１つだけインタビューを行う。インタビュー後はお礼を言って別れ、次の相手を見つける。

クラスの仲を一気に深めるおすすめのゲームです。

教師の願いと基本的なルール（システム）を伝える

どんなクラスにしたいか、どんなときに叱るかをはっきり伝える

自己紹介で楽しく盛り上がったところで、一度子どもたちを落ち着かせ、教師からの話をじっくりと聞かせる時間を設けます。ここで伝えるべきことは、主に次の2つです。

①どんなクラスにしたいか（教師の願い）
②先生はどんなときに叱るか

②については、「いきなり叱る話…？」と思われるかもしれません。しかし、**どんなときに叱るかというのは、絶対に初日に伝えておくべき内容**です。これを伝えておくだけで、多少は今後起こるかもしれないトラブルを回避することができますし、何より実際に叱ることが起きた場面で、子どもたちをある程度納得させることができるからです。

この場面も、可能であれば、次のようなスライドを示しながら行うとよいでしょう。

こんなクラスにしたい！

①日本一明るく，楽しいクラス

②失敗をおそれず，どんなことも思い切って挑戦するクラス

③友だちを大切にし，やさしく，思いやりのあるクラス

勉強をがんばるクラス、運動をがんばるクラス、やさしく思いやりのあるクラス、あいさつがしっかりできるクラス…、どんな内容でもよいと思います。**教師自身が特に大切にしたいことをいくつか取り上げ、ここで子どもたちにしっかりと示すことが大切**です。

私は、よく「日本一」という言葉を使って子どもたちに説明します。「日本一明るく、楽しいクラス」をいつも目指しています。

こんなときは叱ります！

①人を傷つけたとき
（心も体も。受け取った人の気持ちが一番）

②物を大事にしなかったとき
（基本的に教室内で物を投げるのは禁止）

③やるべき時にやるべきことをしなかったとき（掃除など）

④男女が仲良くしているのをからかったとき

また、このタイミングで、どんなときに叱るかも明確に伝えておきます。「人を傷つけたとき」「ものを大事にしなかったとき」「やるべきときにやるべきことをしなかったとき」は当然のこと、私は、④の「男女が仲良くしているのをからかったとき」も叱ることを初日から宣言します。**１年間よりよいクラスをつくるためには、男女の協力が何より欠かせないと考えているから**です。

下校前に教師が1日の感想を述べる

出会い、そして進んで動いてくれたことに感謝する

学級開き当日の帰りの会。この時点では、まだ帰りの会のメニューは決まっていなくてもかまいません。それよりも大切なのは、下校前に、クラスの子どもたちに出会えたこと、そして今日1日進んで動いてくれたことへの感謝の気持ちを述べて初日を締めくくることです。

「みんなの担任になることができて本当にうれしかったです。そして、みんなが協力して重い荷物や教科書を進んで運んでくれたこと、○○さんが給食の片づけを進んで行ってくれたこと、○○くんが掃除をすごくがんばっていたこと、すごいなぁと思いました。これからの毎日が楽しみです。1年間よろしくお願いします」

このような言葉で締めくくれば、学級開きは大成功と言えるでしょう。きっと温かい気持ちのまま、子どもたちは下校していくと思います。

なお、私の場合、下校時は毎日「さよならじゃんけん」をするようにしています（本章8節『1日のおわり・帰りの会』のシステム」で詳しく解説しているので、ご参照ください）。初日からこうしたシステムを構築しておくのも1つの方法です。

また、第2章6節の「『宿題』のシステム」でも述べていますが、私の場合、ミニ作文を書くことを毎日の宿題にしています。初日から張りきって宿題をたくさん出すことも考えられますが、私の場合、初日の宿題はこのミニ作文のみとしています。

作文のテーマは**「先生へのお手紙」**。最初の自己紹介タイムで話しきれなかったことを詳しく書いてもよいですし、先生への何かしらのメッセージでもよいことを伝えます。

もちろん翌日は、しっかりとコメントを書いて返すことを忘れずに。こうしたやりとりを通して、子どもたちとの信頼関係を築き上げていくことが、よりよいクラスをつくるうえで何より大切だと考えます。

❸「読書タイム」を設ける

学校全体で時程が決まっている場合もあるので，学級単独では難しいかもしれませんが，始業から10～15分程度の時間，「読書タイム」を設けることをおすすめします。落ち着いた雰囲気で１日をスタートさせることができますし，望ましい読書習慣を身につけさせることもできます。そのためにも，学級文庫をしっかりと充実させることが大切です。

❹朝の会は短時間で終わる内容にする

朝の会は５～10分程度で終わる内容にして，ゆとりをもって１時間目を開始できるようにしましょう。内容は先生が決めてもよいですし，子どもと相談のうえで決めてもかまいません。どんな内容であっても，気持ちよく１日がスタートできるようにしたいものです。

2
「1日のはじまり・朝の会」のシステム

システムのポイント

❶一番に教室に行って子どもたちを出迎える

朝一番に教室に行くのはだれか。それはだれよりも担任であるべきだと思います。一番に教室に行って換気をし，教室環境を整えます。登校してきた子には一人ひとり笑顔であいさつを交わします。元気よくあいさつする子もいれば，中には眠そうな子や機嫌のよくない子も当然います。「体調はいい？」「何かあったの？」といった声かけを大切にして，積極的にコミュニケーションを取りましょう。いろいろな事情があって朝早く教室に行くのが難しい場合は，黒板へのメッセージで子どもたちを出迎えるのがおすすめです。

❷提出物の出し方をシステム化する

登校した子どもたちが一番に行うことと言えば，多くの場合，提出物を出すことでしょう。何を，どこに出すかを徹底的にシステム化しておけば，子どもの「出し忘れ」も防げますし，何より教室が散らかることがありません。忘れた場合の動き方も，しっかりと指導しておきましょう。

一番に教室に行って子どもたちを出迎える

一番に教室に行くことには様々なメリットがある

先生方は、出勤してから、どのタイミングで教室に向かっているでしょうか。私は、担任である自分自身が一番に教室に行くようにしています。朝一番に教室に行って、窓を開けて換気をしたり、教室の簡単な掃除をしたりしています。

しばらくすると子どもたちが続々と登校してくるので、一人ひとりに「おはよう」と声をかけ、笑顔で出迎えます。全員が元気よく登校してくれれば何も言うことはありませんが、眠そうな子、あいさつの声が極端に小さい子、表情が暗い子など、いろいろな子がいます。そのような場合は、「どうしたの？」「何かあったの？」「昨日は何時に寝たの？」「朝ご飯はしっかり食べた？」などと声をかけ、積極的にコミュニケーションを取ります。

中には昨日家であったことや、習い事でうまくいったことなどをうれしそうに話してくる子もいます。「先生に会ったら、このことを絶対に言いたい！」と思って、わくわくしながら学校に来たのでしょう。そういう話を朝からしっかり聞いてあげることも、担任の務めだと思います。

とはいえ、いろいろな事情により、朝早く教室に行くのが難しいという先生も多数おられると思います。実は私自身も、我が子が幼いころは、毎朝保育園への送迎を行っていたため、出勤するのがいつも勤務時間ギリギリで、教室へ早く行くことはとても難しい状況でした。

その場合、黒板に毎日メッセージを書くという方法があります。**前日の放課後に、翌朝登校してきた子どもたちに向けて、メッセージを書いておく**のです。子どもたちには、「先生は事情があって毎朝早くは来られないけど、毎日メッセージを書いておくのでしっかり読んでね」と伝えておきます。そしてその内容は、単なる伝達事項だけでなく、子どもたちのがんばっている姿や今日1日がんばってほしいことなど、子どもたちを励まし、元気づける内容にします。数年間この取組を続けましたが、効果は絶大です。「今日は何が書いてあるかな？」と子どもたちも楽しみに読んでくれていました。

提出物の出し方をシステム化する

ラベルつきのかごで提出物を細かく分類する

朝登校してきた子どもたちが一番に行うことと言えば、荷物の整理と宿題等の提出でしょう。漢字ノート、計算ドリル、日記帳、学習プリントなど、その種類は様々です。多くの学級では、教卓もしくは教師用の机に直接提出させているようですが、無造作に置かせると、あっという間に机の上が散乱してしまいます。

そこでおすすめなのが、ラベルをつけたかごを準備することです。最近では百均などで、安価でかごを購入することができます。これを複数用意し、一つひとつに「漢字」「算数」「日記帳（生活ノート）」などのラミネートしたラベルを取りつけます。**これを教卓などに並べ、子どもたちに分類して提出させるようにします。**

こうすれば、朝から教卓が散らかることなく、整然と提出物を集めることができます。

また、係活動と連動させて、それぞれの宿題の提出の有無を子どもにチェックさせるという方法もあります。

教卓や配膳台などの上に
ラベルつきのかごを置く。

宿題の種類ごとに分類して提出させれば，
散らかることがない。

忘れた場合の動き方を指導しておく

毎日全員の宿題がきちんとそろえば何も困ることはありませんが、大抵どのクラスでも一定数、きちんと宿題を提出できない子がいるものです。

学校内では、宿題を忘れた子が、朝から大声で叱責されている様子をよく見かけます。もちろん時には厳しい指導も必要ですが、毎朝そのような厳しい指導を繰り返していては、その子のためにもなりませんし、何よりクラスの雰囲気が悪くなります。

そこで大切なのが、**宿題を忘れた場合の動き方をきちんと指導しておく**ということです。私の場合は、次のような約束を子どもたちと交わし、きちんと報告できた場合は、笑顔で「よく言えたね。次は気をつけようね」と対応するようにしています。

①忘れた場合は、朝一番で、先生に何を忘れたのかを報告する。
②そのときに、忘れた原因とその宿題をいつまでに提出するのかを申告する。
③翌日に提出する場合は、連絡帳に赤で書くか、付箋を貼る。
④遅れて提出する際、きちんと謝罪を述べる。

連絡帳は登校した子から書かせ、朝のうちに提出させる

私は、朝学校に来た子から連絡帳を書かせ、宿題と一緒に提出させるようにしています。朝のうちに書かせることには、いくつかのメリットがあります。まず、ゆとりをもって丁寧に書かせることができます。また、体調の悪化、家庭の都合等により急遽早退することがあっても、翌日の連絡に困ることがありません。さらに、朝のうちに連絡帳を集めるので、全員の連絡帳を、教師がゆっくりとチェックすることができます。時には、大切な連絡が保護者から書かれていることもあるので、朝の連絡帳のチェックは欠かせません。

なお、**連絡黒板を２つに分けて、翌日の予定だけでなく、その日の予定もそのまま残すのがおすすめ**です（１日ごとに交互に書き換える）。子どもたちは常に時間割を見て動くものです。こうしておけば、その日１日もスムーズに子どもたちが動くことができるでしょう。

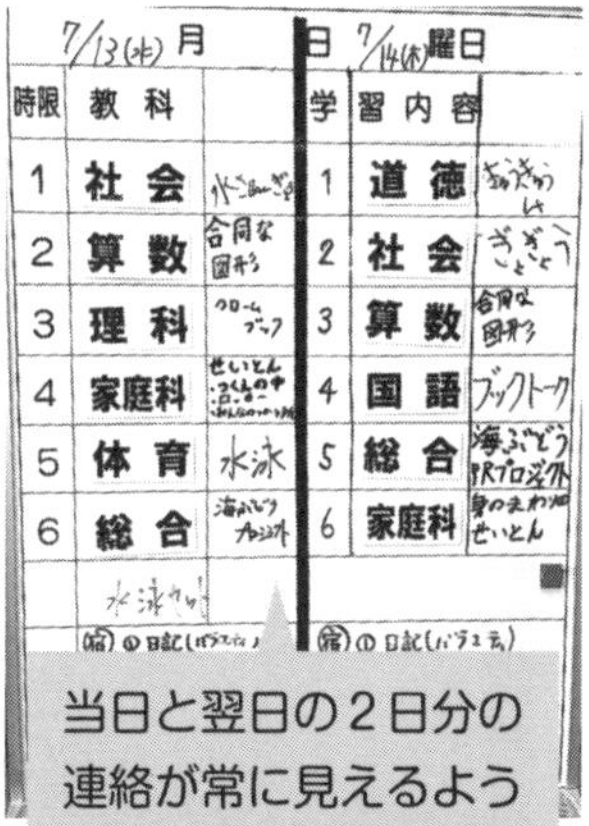

当日と翌日の２日分の連絡が常に見えるようにしておく。教科カードをつくり，内容は教科係に書かせている。

「読書タイム」を設ける

朝読書で落ち着いた朝の雰囲気をつくる

日本全国多くの学校で行われている「読書タイム」。私の所属する学校でも、毎朝10分間の朝読書の時間が設けられています。学校によって時程が決められているので、単独では難しいかもしれませんが、可能な限り、私はこの朝読書の時間を設けることをおすすめします。

朝から読書をさせることで、落ち着いた雰囲気をつくることができます。そして何より、読書は学力だけでなく、心も大きく成長させることができます。ときどき複数人で集まって本を読もうとする子がいますが、この時間は原則1人で、席に着いて静かに読むというルールを設けています。

学級文庫を充実させる

子どもたちを読書に向かわせようと思ったら、それなりのしかけが必要です。その１つが、学級文庫を充実させることです。

上の写真は、私の教室の学級文庫です。私は個人的に本を集めて読むのが好きなので、私物の本をどんどん教室の本棚に並べるようにしています。もちろん、とてもそんなことは…という先生は、図書室から本をたくさん借りるなどして、学級文庫を充実させてもよいでしょう。**手に取りやすいように、並べ方を工夫することも大切**です。

朝の会は短時間で終わる内容にする

内容は何でもよいけど、1時間目の開始が遅れるのは禁物

朝の会のメニューは、教師が決めても、子どもたちと一緒に決めても、どちらでもかまわないと思います。昨年度のクラスで行っていた内容をそのまま引き継いでもよいでしょう。

あいさつや健康観察などはもちろんのこととして、歌やリコーダー演奏、日直スピーチなどを入れてもよいと思います。ただし、内容が盛りだくさん過ぎて、1時間目の開始が遅れることがないように気をつけましょう。私は、できるだけ短時間で終わるように、日直スピーチは帰りの会で行うようにしています。**遅くとも1時間目開始時刻の5分前には終わるようにして、トイレや授業準備の時間もしっかり確保しましょう。**

私が実際に行っていた朝の会のメニューを示します。参考にしてください。

朝の会メニュー

①あいさつ（元気よく！）
②けんこうかんさつ
③リコーダー（音楽係）
④お知らせ
⑤先生の話

気もちよく一日をスタートさせよう！

朝の会のメニュー例（中学年用）

朝の会メニュー

①あいさつ（笑顔で♪）
②健康観察
③生活チェック（身だしなみ、忘れ物）
④リコーダー（音楽係）
⑤お知らせ
⑥生活目標の確認
⑦先生の話

Good morning!

朝の会のメニュー例（高学年用）

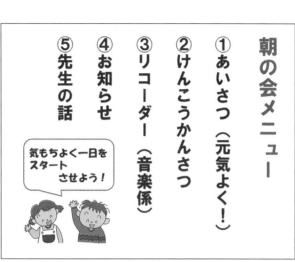

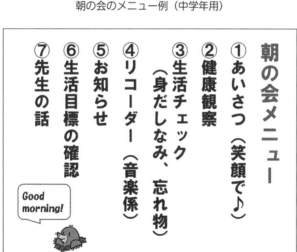

絶好の活動です。おすすめは1分間スピーチ。話す内容についてはいくつか例示し，子どもたちが楽しみながらスピーチを行えるようにします。長く話すのが難しい低学年では，日直クイズがおすすめです。

❹「日直タイム」で創意工夫を促す

「日直タイム」を設け，子どもたちの企画でレクリエーションを行います。仲間づくりにもなりますし，何より子どもたちが創意工夫する姿が期待できます。ただし，「日直タイムは3分以内」など，時間を決めて取り組ませるようにしましょう。

特に「レク係」のような係がないクラスでは，休み時間を「日直タイム」と名づけて，クラスみんなで遊ぶ時間にするという方法もあります。

3
「日直」のシステム

システムのポイント

❶仕事内容を写真やイラストで提示する

朝の会や帰りの会の司会，授業の号令，窓の開け閉めなど，日直の仕事は多岐に渡ります。仕事内容が明確になるように，仕事の一覧を掲示しておきましょう。写真やイラストを用いて，可能な限り仕事内容を可視化する方法もおすすめです。カードを裏返すと文字が出てくるなどの工夫を施し，子どもたちが日直の仕事に意欲をもてるようにします。

❷日直ノート（日誌）を書かせる

学年が上がってくると，一層日直の仕事に自覚と責任をもたせるため，日直ノート（日誌）を書かせるようにします。仕事が終わったかどうかのチェックに加え，その日1日の振り返りを書かせるようにします。高学年では，日直に委員会の仕事のチェックも行わせると，クラスの全員の仕事を確実に終わらせることができます。

❸朝の会や帰りの会で日直スピーチを行う

日直スピーチは，子どもたちの話す力や聞く力を育てる

仕事内容を写真やイラストで提示する

くるくるカードで仕事への意欲を高める

日直は、一人ひとりに責任をもって仕事を行わせたり、やる気に満ちた学校生活を送らせたりするうえでとても重要です。そこでまず大切になってくるのが、仕事内容をわかりやすく掲示するということです。

私は、日直の仕事により意欲をもてるように、写真やイラストを中心にしたカード（くるくるカード）を作成して掲示しています。次ページの写真のように、ひっくり返すと、別のイラストが出る仕組みになっています。

学年が上がると、次第に日直の仕事内容も増えていきます。そこで、仕事内容を一覧にしたカードを掲示するようにします。

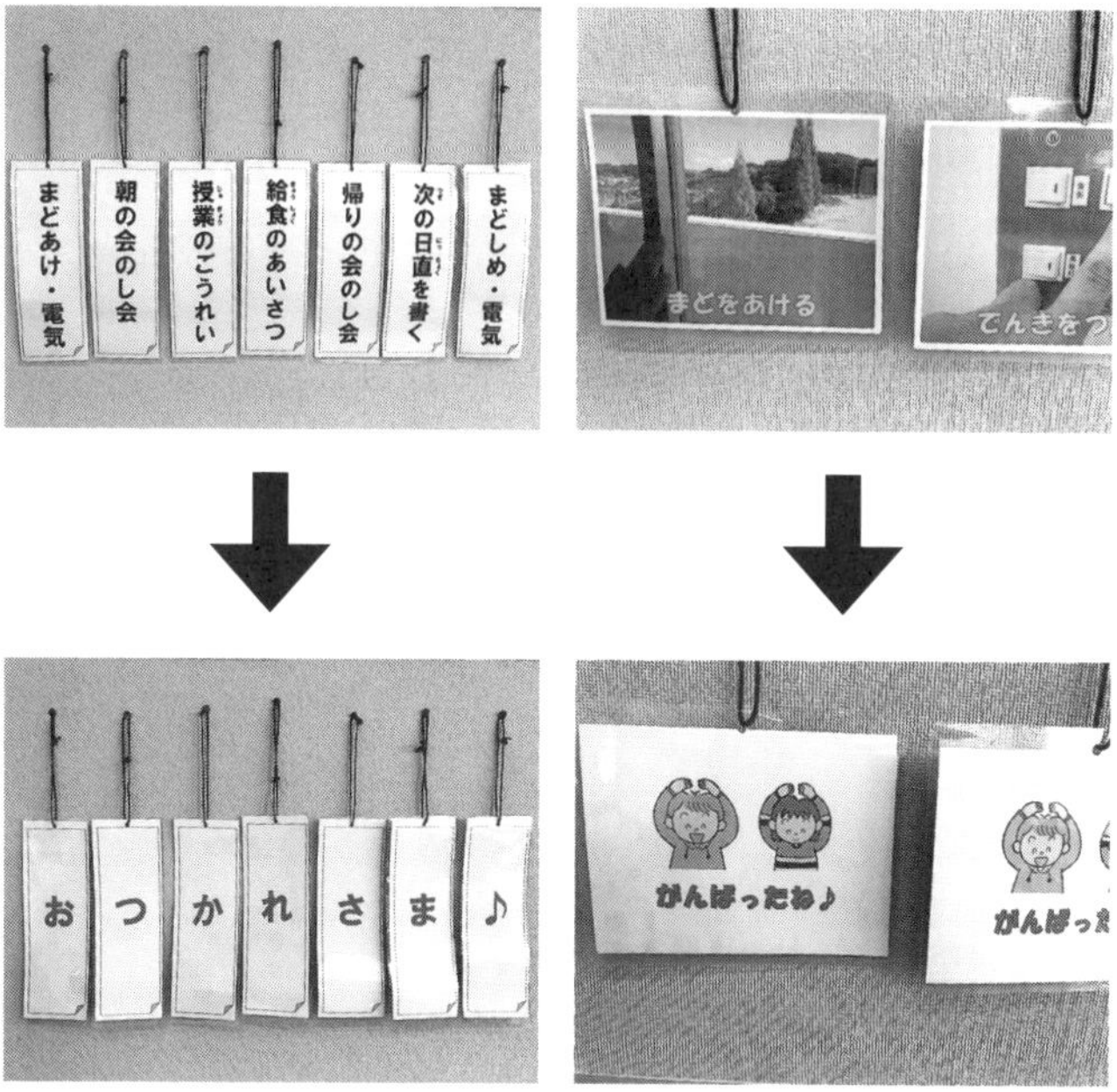

仕事が終わって、その内容のカードをひっくり返すと、イラストや文字が出てくるようなしかけになっています。すべての仕事が終わったときに達成感を味わうことができるので、どの子も意欲的に仕事に取り組むようになります。

実際に試してみるとおわかりいただけると思いますが、**このカードを裏返したくて、張りきって仕事をする子どもたちの様子が見られる**でしょう。

仕事がすべて終わったことを確認したら、「ありがとう」としっかり感謝の気持ちを伝えましょう。

日直ノート（日誌）を書かせる

中学年から日直ノート（日誌）を書かせる

中学年以上の子どもたちには、日直の仕事に責任をもって取り組むだけでなく、日々の自分たちの生活を振り返り、必要に応じて改善する力が求められます。そこで、3年生になった時期をとらえ、日直の仕事に日直ノート（日誌）を書くことを新たな仕事として加えます。

日直ノートには、次ページのように、仕事の一覧を掲載しておきます。また、仕事内容について簡単に自己評価させるとともに、1日の振り返りを書く欄を設けます。振り返りに対しては、可能な限り肯定的な評価を行うようにします。教師からのコメントを確認した子は、翌日の日直にノートを手渡しします。

□月□日□曜日　日直□

★今週の生活目標（帰りの会で確認し，できていれば☑

□

★日直の仕事の確認（できたら☑

□ 窓あけ・電気	□ 朝の会の司会	□ 日直スピーチ
□ 授業の号令	□ 黒板消し	□ 給食の進行
□ 帰りの会の司会	□ 机の整とん	□ 窓しめ・電気

★委員会の仕事の確認（帰りの会で確認し，できていれば☑

- □ 児　童　会（あいさつ運動，集会活動や代表委員会の準備など）
- □ 放送委員会（朝の放送，給食時間の放送，掃除時間の放送など）
- □ 体育委員会（体力づくりタイムの準備，放送など）
- □ 給食委員会（給食時間の掲示物のはりかえ，メニューの放送など）
- □ 園芸委員会（花だんの水やりなど）
- □ 保健委員会（石けんやトイレットペーパーの確認，保健放送など）
- □ 掲示委員会（掲示物の作成，はりかえなど）

★今日のヒーロー（輝いていた友だちは？）

★ふりかえり（日直の仕事をふりかえって）

★先生から

高学年の日直ノート例

□月□日□曜日　日直□

★仕事のかくにん（できたら丸をする）

	仕事内容	◎○△をつける ※りゆうがあってできなかったら／を引く
1	まどをあける・電気をつける（できたら◎）	
2	電気をつける（できたら◎）	
3	朝の会のしかい（元気よくできたら◎）	
4	日直スピーチ（楽しく話ができたら◎）	
5	授業のはじめと終わりのあいさつ（元気よくできたら◎）	
6	きゅうしょくのしかい（元気よくできたら◎）	
7	帰りの会のしかい（元気よくできたら◎）	
8	まどをしめる・電気をけす（できたら◎）	

★ふりかえり（日直の仕事をふりかえって）

★先生から

中学年の日直ノート例

さらに高学年の日直ノート（日誌）には、自分の仕事をきちんと行うことができたかどうかを確認する欄だけでなく、学級の友だちがきちんと委員会の仕事を行うことができたか、生活の目標（ルール）などを守れたかどうかについても確認する欄を設けます。

日直は全員が委員会の仕事をきちんと行ったか、生活目標を守れたかなどを、帰りの会で確認します。**自分の委員会の仕事が終わった子から、日直に報告させるようなシステムをつくってもよい**でしょう。委員会の仕事が終わっていない場合は、放課後等の時間を使って行うように日直が声かけを行います。このシステムによって、全員が確実に仕事を終わらせることができます。

朝の会や帰りの会で日直スピーチを行う

低学年はクイズがおすすめ

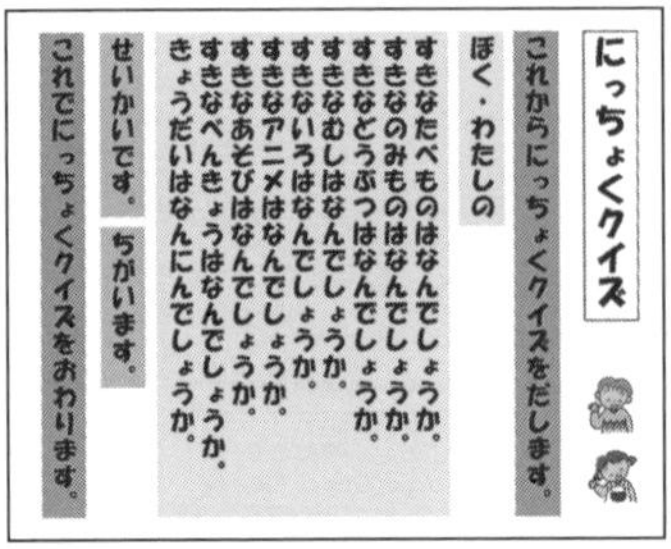

にっちょくクイズ
これからにっちょくクイズをだします。
ぼく・わたしの
すきなたべものはなんでしょうか。
すきなのみものはなんでしょうか。
すきなどうぶつはなんでしょうか。
すきなむしはなんでしょうか。
すきないろはなんでしょうか。
すきなアニメはなんでしょうか。
すきなあそびはなんでしょうか。
すきなべんきょうはなんでしょうか。
きょうだいはなんにんでしょうか。
せいかいです。
ちがいます。
これでにっちょくクイズをおわります。

多くの学校で日直のスピーチを朝の会や帰りの会などで取り入れていると思いますが、このスピーチ活動は子どもたちに話す力・聞く力を育てるうえで、絶好の活動と言えます。

とはいえ、低学年の子どもたちにいきなりスピーチといってもすぐには難しいでしょう。そこでおすすめなのが、みんなが楽しめる「日直クイズ」を設けることです。クイズは、好きな食べ物、好きな動物、家族のことなど、自分のことに関する内容から始めます。上のシートのようなヒントを示すとよいでしょう。

中学年以上は1分間スピーチを取り入れる

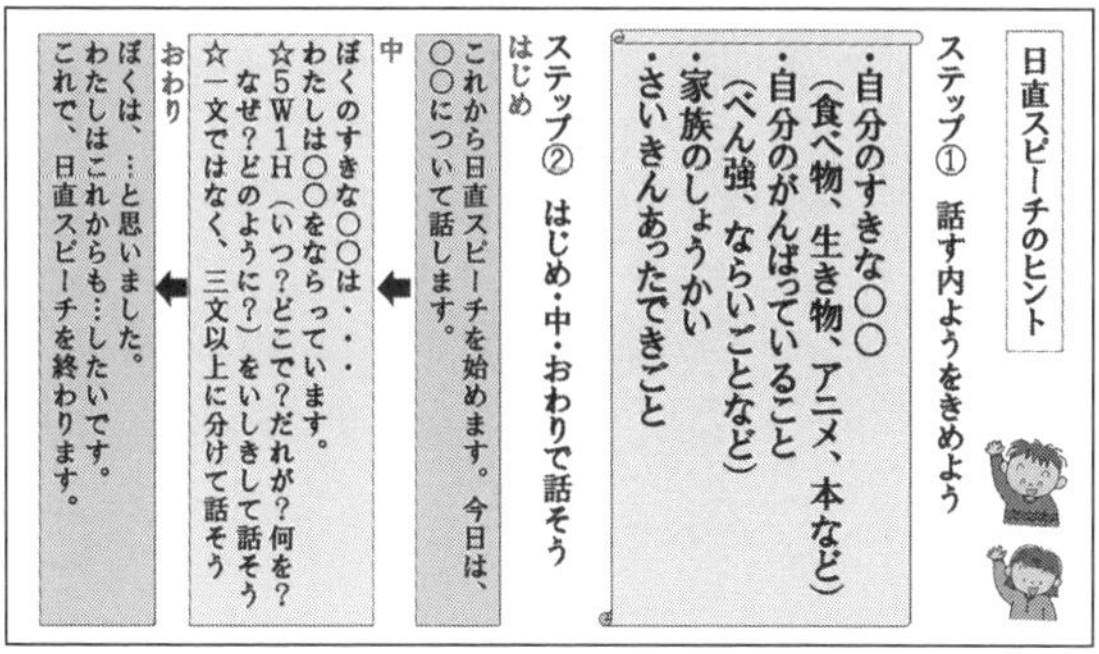
日直スピーチのヒント
ステップ① 話す内ようをきめよう
・自分のすきな〇〇
（食べ物、生き物、アニメ、本など）
・自分のがんばっていること
（べん強、ならいごとなど）
・家族のしょうかい
・さいきんあったできごと
ステップ② はじめ・中・おわりで話そう
はじめ
これから日直スピーチを始めます。今日は、〇〇について話します。
中
ぼくのすきな〇〇は・・・
わたしは〇〇をならっています。
☆5W1H（いつ？どこで？だれが？何を？なぜ？どのように？）をいしきして話そう
☆一文ではなく、三文以上に分けて話そう
おわり
ぼくは、…と思いました。
わたしはこれからも…したいです。
これで、日直スピーチを終わります。

中学年からは、本格的なスピーチ活動に挑戦させるようにします。私の学級では、帰りの会に、日直が前に出てスピーチを行います。自分の好きなこと、習い事、家族のことなど、自分のことを話題にしたスピーチから始めるとよいでしょう。テーマを毎回教師が決めるのもよいと思います。

話し方は、国語の学習との関連を図り、「はじめ」「中」「おわり」を意識してスピーチさせるようにします。慣れるまでは上のようなシートを参考にさせます。

スピーチが苦手な子には、日直の日までに教師と相談する時間を設け、成功体験を積ませるようにします。最初はうまく話せない子も、1年間継続することで、どんどん話すのが上手になっていきます。**時間を意識して話す力を身につけるためにも、タイマーを用意することをおすすめします。**

「日直タイム」で創意工夫を促す

思い切って日直に任せる

第0章でも述べたように、よりよい学級をつくろうと思ったら、**システム通りに子どもたちを動かすだけでなく、時には思い切って子どもたちの自由なアイデアに委ねてみることも大切**です。その1つが、この「日直タイム」です。

その日の日直が、帰りの会などで、短時間で終わるレクリエーションを企画します。クイズ、じゃんけん大会、しりとり大会、ジェスチャーゲームなど、内容は何でもよいと思います。学級活動の時間に、「短時間でみんなが楽しめるにはどんなことをするとよいか」をテーマに話し合わせ、しっかりとアイデアを募ってから、この日直タイムをスタートさせるのがポイントです。

日ちょく「おたのしみタイム」のアイデア
ー　みんなでたのしくもりあがろう！　ー

＜朝の会や帰りの会に＞
・日ちょくクイズ
・じゃんけん大会（日ちょくとじゃんけん）
・しりとり大会
（何びょうでぜんいんーしゅうできるか）
・ジェスチャーゲーム
（日ちょくのジェスチャーをあてる）

＜休み時間に＞
・おにごっこ
・だるまさんがころんだ
・ころがしドッジ
・いすとりゲーム（雨の日）
・ハンカチおとし（雨の日）

☆何をするかを日ちょくの日までにきめて，朝の会でみんなにつたえよう。
☆あたらしいアイデアがあったら，まず先生にそうだんしよう。

また、これは実際に私がクラスで「日直タイム」を設けてわかったことですが、子ども主体で行わせているため、どうしても時間が長くなりがちです。いくら楽しくても、下校が遅くなっては意味がありません。そうならないためにも、**「日直タイムは3分間」などの厳格なルールを決めることが大切**です。限られた時間の中でみんなをどのように楽しませるか、このあたりまで考えて企画する力を育てていきたいものです。

このほか、以前受け持ったクラスでは、休み時間にクラス全員で遊ぶのが日常になっていたので、遊びの内容もその日の日直が決めていました。子どもたちにとって、何より楽しみな時間となっていました。

❸給食当番以外の子が何をする時間なのかを決めておく

給食当番以外の子が待っている間に何をするのか，しっかりとルールを決めておくことが大切です。ルールが定まっていないと，走り回ったり騒いだりして給食の準備の邪魔になりかねません。おすすめは席に着いて静かに読書です。静かに配膳を待つ習慣を身につけさせましょう。

❹全員が時間内に食べきれるように工夫する

食事はどうしても個人差があるもの。たくさん食べる子がいれば，小食の子もいます。あらかじめ大・中・小とサイズを決めておけば，ほぼ全員が給食時間内に食べ終わることができます。また，欠席者の余った食材をどうするか，おかわりをどうするかなどについてもきちんとルールを決めて，揉め事を未然に防ぐようにしましょう。

❺給食の片づけをシステム化する

給食の片づけをきちんとシステム化し，子どもたちだけでスムーズに進められるようにします。おすすめは，給食時間終了の５分前になったら片づけを始めること。「ごちそうさま」をする段階で配膳台がすべてきれいになっていれば，スムーズに昼休憩に移行できます。時間内に食べられなかった子の動き方についても，しっかりとルールを決めておくことが大切です。

4
「給食当番・給食時間」のシステム

システムのポイント

❶給食当番分担表を作成する

多くの学校では，始業式のあった日から，いきなり給食が始まります。初日からスムーズに子どもたちが動けるように，当番分担表を作成しておきます。仕事内容はできるだけ細分化し，一人ひとりの役割が明確になるようにしましょう。仕事は毎日変更するのではなく，１週間固定がおすすめです。

❷給食の準備をシステム化する

給食の準備の仕方，片づけ方を徹底的にシステム化します。システムが整うまでは，子ども任せにせず，一緒に準備をしながら粘り強く指導を行いましょう。給食の配膳は，セルフ方式と配付方式がありますが，基本的にどちらでもかまいません。学級の人数に合った方法を選択すればよいと思います。このほか，準備が何分でできたかを日々計測していけば，少しでも早く準備をしようという意識が子どもたちの中に生まれます。

給食当番分担表を作成する

学級の人数に応じてグループ分けを

本章1節「『学級開き』のシステム」でも述べましたが、多くの学校では、始業式があった初日から給食が始まります。そこで、初日からスムーズに給食準備が進められるように、事前に当番表を作成して、体制を整えておくことが大切です。

給食当番の人数は学級によって異なると思いますが、**おすすめは6〜8人体制**です。そして一人ひとりに、ごはん・パン担当、大おかず（深皿）担当、小おかず（平皿）担当、デザート担当など、細かく仕事を割り振ります。次ページに示したような当番分担表を作成し、基本的にその1週間は同じ仕事を行わせます。当番が次に回ってきたときには、仕事を1つずつずらし、子どもたちにいろいろな仕事を経験させるようにします。

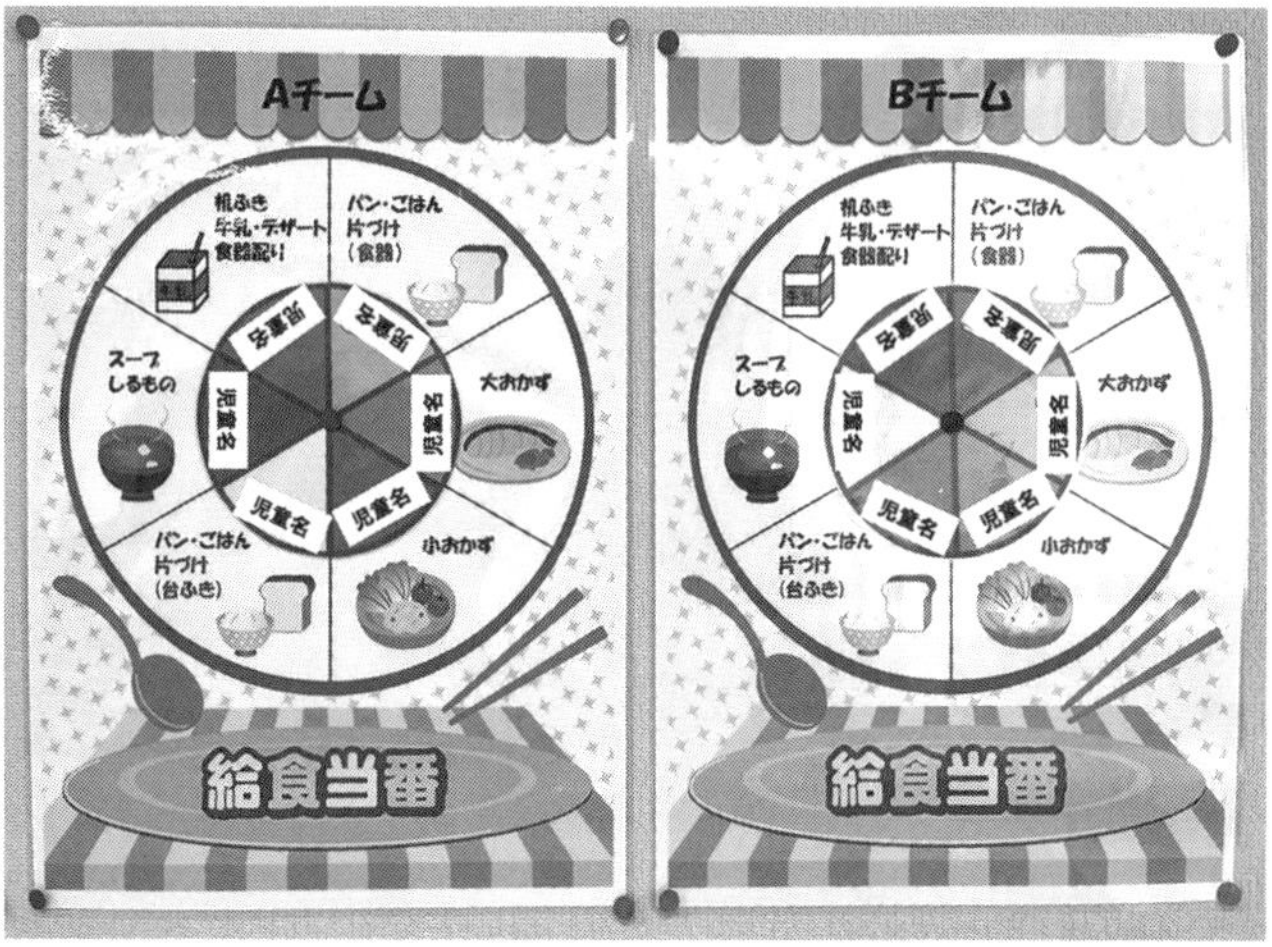

この当番表は、グループの数だけ作成しておくと、週ごとに子どもたちの名前を貼り替える必要がないので、非常に便利です。

なお、このように1人ずつ細かく仕事を分担してはいますが、**必要に応じて、仕事を交替したり複数で協力して行ったりすることを奨励します。**

例えば「パン・ごはん」担当が2人いますが、パンの場合は、1人でも十分その役を行えます。その場合、もう1人は別の仕事を手伝った方が効率的です。また片づけなどは、一応担当を決めてはいますが、給食当番全員で一気に行う方が明らかに早く終わります。臨機応変に効率よく作業を進めている子がいれば、どんどんほめて、進んで動けるようにしていきましょう。

給食の準備をシステム化する

子どもたちに合った方法を選ぶ

これまでいろいろな学校で勤務してきましたが、おもしろいのが、学校や学級によっていろいろな配膳の仕方があるということです。代表的なのはセルフ方式と配付方式です。セルフ方式とは、一人ひとりがおぼんを持って配膳台の前に並び、給食当番がよそったおかずなどを取っていく方法です。自分に合った量のおかずを選択できるというメリットがありますが、やや時間がかかり、密にもなりやすいため、感染症対策が叫ばれている現在はやや不向きな方法と言えるかもしれません。

一方、配付方式とは、おぼんを直接机の上に配付し、給食当番が直接食器等を配付していく方法です。回転も速く、スムーズに準備できますが、その分人数が必要になります。

私は、最近は効率重視で後者の配付方式で配膳を行っていますが、基本的にどちらの方法でもよいと思います。1年生のときから行ってきた方法が定着していれば、学年が上がったときにわざわざ新しい方法にすることもないでしょう。

それよりも大切なのは、**一人ひとりが迅速に、かつ丁寧に仕事が行えているかどうか**だと思います。

まず、給食の準備を迅速に行わせようと思ったら、時間を意識させることが不可欠です。以前3年生を担任した際、初日に給食の準備をさせたところ、驚くほど時間がかかってしまい、今後どうなることかと思いました。そこで翌日から、タイマーをセットし、「昨日は15分かかったから、今日は12分で終わるようにしよう」と目標を掲げ、準備に取り組ませました。以後、毎日黒板の隅に時間を記録するようにしたところ、どんどん準備のスピードが上がっていきました。もちろん急がせ過ぎて雑になるようなことがあってはいけませんが、多少は時間を意識させることも必要だと思います。

丁寧に仕事を行わせるには、日々子どもたちをほめ続け、意欲を高めていくほかありません。「よそい方が上手だね」「おいしそうに見えるね」「食缶が空になるとすぐ片づけるんだ。いいアイデアだね」。こうした声かけを大切にし、配膳の技術を高めていきます。

給食当番以外の子が何をする時間なのかを決めておく

静かに待つ習慣を身につけさせる

　荒れている学級に多いのが、給食時間が自由時間になっているという状態です。給食当番以外の子が自由に教室を走り回り、廊下で戯れ、ひどい場合は、各自が教室を飛び出して、異学年の教室に行って遊んでいるという光景も目の当たりにしたことがあります。

　こうした状況が生まれてしまう原因は、給食当番以外の子が何をする時間なのかというルールを厳格に定めていないからだと思います。私は、初日から子どもたちに「給食当番以外の人が走ったり騒いでいたりすると、安全に配膳ができません。だから椅子に座って読書をして待つようにしましょう。委員会の仕事など、どうしてもしなければならないことがある場合は、先生の許可を得てからするようにしてくださいね」と伝えます。

前項で述べたセルフ方式の場合は、給食当番の「準備ができたので給食を取りに来てください」というかけ声とともに、当番以外の子を動かします。配付方式の場合は、特に他の子はすることがないので、「いただきます」をするまで、静かに読書をさせます。

給食当番には「上手に準備できたね。ありがとう」という声かけを、その他の子にも「本を読みながら静かに待てたね。おかげで準備がスムーズにできたよ」という声かけを行います。

なお、この読書をして待つというのは、食前だけに限りません。早く食べ終わった子にも、食器の片づけと歯磨きを済ませたら、静かに読書をして待つように指導しています。

もちろん、宿題の直しをさせる、係や当番の仕事に取り組ませる、連絡帳を書かせる等、食前・食後の時間を有効に活用してもかまいません。ただ、いずれの場合も、まわりに迷惑をかけず、静かに取り組むように指導する必要があるでしょう。

給食時間に限りませんが、**子どもたちは「やるべきこと」がわかっていれば、進んで取り組むようになるもの**です。さらにほめることで、そのシステムはより確実なものになります。給食の配膳時間がただの自由時間にならないように、担任として、しっかり目を光らせていきましょう。

全員が時間内に食べきれるように工夫する

個々の食べられる量を把握しておく

給食は、発達段階に応じて、きちんと適正なカロリーを計算してつくられています。そのため、全員が同じ量を食べることが大前提になるのは言うまでもありません。しかし、実際教室には、体格の大きな子や小柄な子、たくさん食べる子や小食であまり多くの量を食べられない子がいるものです。小食の子にみんなと同じ量を提供しても、最後は残すだけですし、何よりその子にとって給食が負担になることは避けなければいけません。

そこでおすすめなのが、**あらかじめ個々の食べられる量を把握し、その子に応じた量を提供するという方法**です。具体的には、年度はじめに「給食の量を3つに分けようと思います。基本は『中』。少し多めに食べたいという人は『大』。給食がなかなか食べきれずに困っているという人は『小』を選んでください」と説明します。

数を確認したら、それぞれ何人かわかるように、教室内に掲示します。例えば30人学級ならば、「大」が８つ、「中」が20、「小」が２つといった具合です。ただし、極端に増やしたり減らしたりするのではなく、**あくまで気持ち多め、少なめという程度**です。

先に示したセルフ方式であれば、個々が自分に合った量の食器を選ぶので問題ありませんが、配付方式であれば、だれが「大」でだれが「小」なのかを一覧にして示し、当番がうまく配付できるようにする必要があります。

なお、「このおかずは嫌いだから『小』、これは好きだから『大』」というような細かい要望は、混乱を招くため、基本的には受けつけないようにしています。

このほか、おかわりのルールを決めておくことも大切です。私の学級では、以下のようなルールを設けています。

①欠席者のデザートなどはじゃんけんで勝った人がもらえる。
②食缶に残ったおかずなどは、基本的にすべて食べ終わってから取る。
③最後の人は「残り全部食べていいですか」と全員に確認し、了承を得てから取る。

給食の片づけをシステム化する

片づけをすべて済ませてから「ごちそうさま」をする

昼休けいになっても食器かごや食缶などが配膳台の上に放置され、先生がすでに外に遊びに行った片づけ当番を呼びにいったり、代わりの子がしぶしぶ片づけたり、という光景をよく目にします。これは、片づけのシステムがきちんと整っていないことが原因です。

片づけのシステムでおすすめなのが、第0章でも簡単に触れた、**給食時間終了前にすべて片づけを終わらせてしまうという方法**です。

例えば、給食時間が13時までだとしましょう。この場合、5分前、つまり12時55分には、日直の「5分前になったので片づけを始めてください」という合図で、全員を動かすようにします。食べ終わっている、食べ終わっていないにかかわらず、給食当番全員で片づけに取り組ませます。食器を回収する、食器かごや食缶を運ぶ、配膳台をきれいに拭くなどの仕事に、当番全員で取り組ませます。細かい仕事分担をしてもよいですが、私の経験上、そこまで細かく決めなくても、自分たちでテキパキと片づけられるものです。なぜなら、給食時間終了までに作業を終わらせたいという強い思いがあるからです。また、完璧に片づいていないと先生はＯＫを出さない、先生がＯＫを出さないと全員昼休けいに移れないというルールを設ければ、子どもたちは必死になって片づけを行います。

これが給食時間終了後だとどうでしょう。今度は少しでも早く遊びに行きたいという思いから、片づけをさぼったり、人任せにしたりする子が出てくるかもしれません。給食時間の終了前と終了後でこんなにも意識が変わるのですから、おもしろいものです。

配膳台が完全に片づいたら、日直の合図で「ごちそうさま」をし、机を下げてお昼の休けい時間に移ります。

なお、給食の準備を短時間で終わらせる、自分に合った量を選ばせるなどの工夫をしていますが、それでも時間内に食べきれない子はどうしてもいるものです。13時10分になったら自分で給食室に持って行く、給食室では「食べられませんでした。残してしまってすみません」と言うなど、ある程度ルールを決めておくことが大切です。

ェック表を渡します。掃除終了後は自分たちですべての項目に○がつくかどうかを確認させます。意図的に空欄を設けておき，自分たちで仕事を増やしたいときに，新しい項目を書き込めるようにします。

❹進んで新しい仕事に取り組む子を見つけてほめる

　子どもたちの様子をよく観察していると，決められた仕事以外に，自分で新たに仕事を見つけて取り組もうとする姿が時折見られます。このタイミングを見逃さず，しっかりとほめることが大切です。直接ほめることはもちろん，帰りの会などでも積極的にそのがんばりを取り上げるようにしましょう。ほめられた子だけでなく，全員が自分から仕事を見つけて，率先して動くようになります。

5
「掃除当番・掃除時間」のシステム

システムのポイント

❶掃除当番分担表を作成する

給食時間と同様に，始業式の日からいきなり始まるのが掃除時間。初日から子どもたちが一生懸命掃除に取り組むことができるようにしたいものです。事前に当番分担表を作成しておき，細かく仕事を割り振ります。仕事は毎日変更するのではなく，少なくとも１か月以上は固定するのがおすすめです。

❷掃除の仕方を細かく指導する

ほうきの使い方，床の拭き方，トイレ掃除の仕方など，ひと口に掃除といっても，なかなか奥が深いもの。掲示物を作成して掃除の仕方を示す方法もありますが，日々一緒に掃除を行う中で，粘り強く指導していくことが大切です。きれいにできたときはどんどんほめて，子どもたちが掃除に意欲をもてるようにしましょう。

❸掃除終了後に確認チェック表をつけさせる

掃除分担が決まったら，今度は各掃除場所の「掃除リーダー」を決めます。そして，そのリーダーに，掃除確認チ

掃除当番分担表を作成する

仕事はとにかく細かく分ける

先生方は、掃除をどのように分担しているでしょうか。おそらく年度はじめに担当する学級の分担区域が割り当てられ、それを基に、適切な人数を配置しておられるのではないかと思います。

もし、「教室は6人」「廊下は3人」「トイレは男女2人ずつで4人」という程度しか分担していないのであれば、もっと細分化して「教室のほうきはAくんとBさん、床拭きはCくんとDさん」「黒板消しと棚拭きはEさん」「ゴミ出しと机拭きはFくん」というように、可能な限り細かく分担することをおすすめします。そうしないと、**毎時間だれが何をするのかを決めるのに時間がかかり、スムーズに掃除に取りかかれないから**です。

6年生　そうじ分担一覧

そうじ場所	そうじ内容	担当者
6年教室	ほうき①・机はこび	児童名
	ほうき②・机はこび	児童名
	ゆかふき・机はこび	児童名
	ゆかふき・机はこび	児童名
	教室黒板・机ふきほか	児童名
3階廊下 手洗い場	廊下ほうき	児童名
	廊下ゆかふき	児童名
	手洗い場・くつ箱	児童名
東階段	ほうき	児童名
	ゆかふき	児童名
3階男子トイレ	ほうき・ゆかふき	児童名
	便器みがき・手洗い場	児童名
3階女子トイレ	ほうき・ゆかふき	児童名
	便器みがき・手洗い場	児童名
1年教室	ほうき・机はこび	児童名
	ゆかふき・机はこび	児童名
外男子トイレ	ほうき・ゆか・便器など	児童名
外女子トイレ	ほうき・ゆか・便器など	児童名
ゴミ置き場	教室のゴミすて・ゴミ置き場	児童名

☆　自分の担当場所は時間いっぱいきれいにしよう！（何度同じところをはいたりふいたりしてもよい）
☆　できなかった場合は，放課後か次の日の大休けいを使ってでもやりきろう！
最高学年として，最高のそうじを！　下級生の手本になるそうじを！

私は、春休み中に上のような掃除分担表を作成し、掃除を行います。「児童名」のところをマグネットなどで貼り替え可能にしておけば、掃除場所が変わったときも簡単に変更できるので便利です。

なお、この掃除分担は、少なくとも1か月、長ければ1学期間、同じ場所を行わせることをおすすめします。**確実に掃除のノウハウを身につけさせるには、これくらいの期間は必要だから**です。

掃除場所が変わる際は、学級活動などの時間を使って、前の担当者から新しい担当者に、掃除の流れを引き継がせるようにします。

掃除の仕方を細かく指導する

まずは掃除の手順をしっかりと示し、できたことをほめ続ける

春休み中に必ず行っておくべきこととして、各掃除場所の掃除道具がきちんとそろっているかを確認する作業があげられます。これをしておかないと、初日から「先生、ほうきが足りません」「トイレに雑巾がありません」といった混乱を招くことになります。割り当てた人数に対して使う道具がきちんとそろっているかを入念に確認し、足りなければ補充を行うようにしましょう。

掃除の手順については、次ページにあげたような掲示物を作成し、各掃除場所の見えやすいところに掲示しておくことをおすすめします。すべての掃除場所に教師がじっとついていることは難しいので、困ったときの子どもたちの大きな助けとなります。

トイレ掃除の手順

【ゆか担当】
❶ 窓を開ける。
❷ ゆかをはく。
❸ モップにしめらせた雑きんを付けて，ゆか全体をふく。

【便器・洗面所担当】
❶ 便器をみがく。
❷ ゴミ出しに行く。
※帰りに保健室でトイレットペーパーを受け取り，補じゅうする。
❸ 洗面所をみがく。
❹ たなをみがく。

最後に二人でスリッパと，道具入れを確認しよう！

教室掃除の手順

【ほうき担当】
❶ 窓を開ける。
❷ ゆかを前から順にはく。
❸ 少しずつ机を運ぶ。

【ゆかふき担当】
❶ ぞうきんを洗う。
❷ ゆかをふく。（木目にそう）
❸ 少しずつ机を運ぶ。

【黒板・机ふき担当】
❶ 黒板をきれいにする。
❷ 黒板のさんをふく。
❸ 机をふく。

最後に全員で用具入れが整っているか，雑きんがきれいにかかっているかを確認しよう！

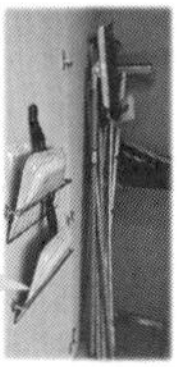

ただし、これらの掲示物を作成して貼っておけば、それですべてがうまくいくというわけではありません。やはり大切なのは、日々一緒に掃除を行いながら、細かく指導していくことです。

まずは掃除の手順やコツをしっかりと伝えること、そして、それができるようになったら、しっかりとほめることを継続しましょう。**掃除時間は子どもたちを常にほめ続ける**。このことを強く意識しておけば、子どもたちがどんどん進んで動くようになります。

掃除終了後に確認チェック表をつけさせる

掃除リーダーを中心に確認チェック表をつけさせる

すべての掃除場所を教師がチェックできれば言うことはありませんが、現実問題なかなか難しいでしょうし、何より自治的なクラスをつくるという観点からも、自分たちで最終チェックを行わせる方が得策だと考えます。そこでおすすめなのが、掃除終了後に自分たちで確認表をつけさせるという方法です。

まず掃除分担を伝えたら、そのメンバーの中で掃除リーダーを決めさせます。立候補で決めてもよいですし、じゃんけんで決めてもかまわないと思います。掃除リーダーには、次ページのような掃除確認チェック表をもたせます。年度始めにたくさん印刷して、ファイルに綴じたものでよいと思います。

教室掃除チェック表

バッチリ◎　まあまあ○　もう少し△
すべてに◎がつくように頑張ろう！

チェックすること	月	火	水	木	金
①掃除時間の開始におくれなかった。					
②すみずみまできれいにはいた。					
③ゆかをぞうきんでしっかりふいた。					
④机を運んで，きちんとそろえた。					
⑤黒板をきれいに消した。					
⑥黒板のさんをふいた。					
⑦机をきれいにふいた。					
⑧道具を用具入れにきれいにおさめた。					
⑨雑きんをきれいにかけた。					
⑩全員一生けん命，そうじをした。					
先生のサイン					

空欄を設ける

掃除終了後に、この確認チェック表のすべての項目に◎がつくかどうかをチェックさせます。こうすれば、最低限やらなくてはいけない仕事を確実に行わせることができます。

掃除場所から戻ると、「○○掃除すべて終わりました」と担任に報告させ、担任がサインをするシステムをつくってもよいでしょう。もちろん「ありがとう。いつも助かるよ」と笑顔で返すようにします。

なお、上のチェック表を見ていただくとわかるように、意図的に表の中に空欄を設けています。これは、**自分たちで仕事やチェック項目を増やす姿を期待してのちょっとしたしかけ**です。詳しくは、次項で解説しますのでご参照ください。

進んで新しい仕事に取り組む子を見つけてほめる

決められた仕事以外を行おうと動き出す瞬間を見逃さない

掃除のシステムを整え、子どもたちへの肯定的な声かけを続けていけば、概ねどの子も一生懸命掃除に取り組むようになります。ただ、これで満足してはいけません。もう1歩、もう2歩と、自分の力で動き出す子を育てていきたいものです。

第0章でも述べましたが、子どもたちの様子をよく観察してみてください。必ず、何かしら決められた仕事以外のことに取り組もうとする子が現れます。ほうき担当の子が、最後にほうきについたホコリをきれいに落としていたり、黒板担当の子が黒板用の磁石をきれいに整頓したり、こうした小さながんばりを見逃さず、少し大げさにほめてあげるようにします。

「すごいね！　ほうきのホコリを取ってくれているの？　助かるなぁ」

「黒板の磁石を並べてくれたの？　ありがとう！　使いやすくなったなぁ」

このような声かけです。ほめるときは、**わざと他の子にも聞こえるような声で言うのがポイント**です。帰りの会で紹介してもよいでしょう。

すると翌日から、ほめられた子はもちろん、他の子も一生懸命別の仕事を探すようになります。もちろん、その一つひとつの行動にも、しっかりと肯定的評価を行います。こうしたやりとりを続けていけば、教師が指示したり叱責したりしなくても、子どもたちが進んで動くようになります。

また、前項で掃除当番確認チェック表について取り上げましたが、そのうち子どもたちの方から「先生、ここに自分たちで考えた仕事を書いて毎日チェックしてもいいですか？」と聞きにくるようになります。もちろん「いいアイデアだね！　すごいなぁ」と、ここでもしっかりとほめるようにしましょう。

極論かもしれませんが、学級経営は、教師が子どもたちをほめたり、子どもたちに感謝の気持ちを素直に伝えたりすることができれば、ほぼ間違いなくうまくいくと考えています。ほめて、ほめて、ほめまくる。早速明日の掃除時間から試してみてください。

実に全員に伝えることです。そこで，中学校への橋渡しとなるこの大切な時期をとらえ，教科係の制度を導入しています。各教科の担当になった子が，教科の先生に次回の授業内容・準備物・場所・宿題等を確実に聞き，その内容を連絡黒板に書いたり帰りの会で伝達したりします。集めた宿題を担当の先生に提出したり，その授業の黒板を消したりすることも，教科係の仕事としています。

❹サークル活動で文化的な学級をつくる

　私の場合，「絶対にやらなくてはいけない仕事」を係活動，「絶対必要というわけではないけど，やればクラスのみんなが楽しめて笑顔になる仕事」をサークル活動として位置づけています。例えば，「ドッジボールサークル」「雨の日のレクサークル」「お誕生日お祝いサークル」などがあります。これらはあくまでプラスαの活動ですから，全員が参加する必要はありません。やりたい人が，自主的に活動するイメージです。何もかもシステム化するのではなく，こうした子どもたちの自主的な活動も，積極的に取り入れていきたいものです。

6

「係(当番)活動・サークル活動」のシステム

システムのポイント

❶低学年では１人１役を基本とし，働く喜びを味わわせる

日直と同じく，学級を動かすうえで要となる係（当番）活動。低学年は，日直の仕事は司会と号令のみとし，そのほかはすべて係の仕事としています。「電気係」「窓閉め係」「黒板係」など，細かい仕事を振り分け，全員がみんなのために働く喜びを味わえるようにしましょう。

❷中学年では自主的な活動を奨励する

中学年になると，窓の開け閉めなどは日直の仕事とし，もう一歩レベルの高い活動を目指します。「みんながスムーズに生活できるように」「みんなが楽しく生活できるように」という２つの視点から，仕事内容も自分たちで考えさせるとよいでしょう。学期はじめに係のポスターを作成させることで，活動に意欲がもてるようにします。

❸高学年では教科係制度を取り入れる

多くの学校では，高学年になると，一部もしくはすべての教科で教科担任制が導入されます。教科担任制で大切なのは，各教科の先生と子どもたちが連携し，伝達内容を確

低学年では1人1役を基本とし、働く喜びを味わわせる

一人ひとりに自分の役を与える

日直と同じく、学級を回すうえで要となるのが係（当番）活動です。低学年では、日直の仕事は朝の会や帰りの会の司会と、授業開始及び終了の号令だけで十分だと思います。そのほかの細かい仕事は、すべて係の仕事とします。

1年生のうちは、係の仕事はすべて教員が決めてかまいません。電気係、窓閉め係、黒板係など、細かい仕事を決めて、基本的に1人1役を与えていきます。もちろん黒板消しやプリント等の配付など、少し人数の必要な仕事は、2〜3名くらいを割り当てます。

以下は、私が低学年を担任する際に取り入れている係活動の一覧（30人学級の場合）です。参考にしてください。

・電　気　係…1名（教室の電気をつけたり消したりする）
・窓　　　係…2名（朝窓を開けたり、下校前に窓を閉めたりする）
・黒板消し係…3名（授業後の黒板を消す）
・ポスト係…2名（職員室横のポストに配付物を取りに行く）
・配り物係…3名（配り物を配る）
・学　習　係…2名（計算タイム・ドリルタイムの準備、開始の合図など）
・生き物係…2名（花の水替えやメダカのエサやりなどを行う）
・整とん係…2名（下校前の机の整頓などを行う）
・音　楽　係…1名（朝の会や帰りの会の歌のCDを準備する）
・体　育　係…3名（体育の時間に、前に出て準備体操を行う）
・本　　　係…2名（学級文庫の本棚を整頓する）
・保　健　係…2名（健康観察簿を保健室から教室にもっていく）
・連　絡　係…2名（欠席者の連絡を書く）
・学級会係…3名（クラスの話し合いを中心になって行う）
※このほか一人ひとりの誕生日を祝う「お誕生日係」や、休み時間の遊びを企画する「遊び係」などを加えてもよい。

中学年では自主的な活動を奨励する

どんな係が必要かを考え、自主的に活動を進めさせる

3年生以上になると、どんな係があればクラスみんながスムーズに、かつ楽しく生活できるか、自分たちで考えられるようになります。そこで年度はじめに学級活動の時間を使って、どんな係（当番）が必要かを考えさせます。その際、「これは日直の仕事」「これは係の仕事」というように、しっかりとすみ分けを行うことが大切です。また、一部の子は「毎日しなければならない仕事」で、別の子は「やってもやらなくてもいい仕事」にならないよう教師自身も意見を出しながら、**全員に一定の仕事が割り当てられるようにしましょう**。係の仕事が決まったら、ポスターを作成させ、一層意欲がもてるようにします。

以下は、中学年の係活動の一覧（30人学級の場合）です。

・学習係…3名（提出物チェック、ドリルタイムの準備、開始の合図など）
・黒板消し係…3名（授業後の黒板を消す、毎日日付や日直名を書き換える）
・配り物係…3名（ポストからプリントなどを取り、配付する）
・生き物係…2名（花の水替えやメダカのエサやり、植物の水やりなど）
・美化係…3名（机の整頓、ポスターの作成など）
・音楽係…2名（朝の会や帰りの会の歌・リコーダーの曲決め、指揮や伴奏など）
・体育係…3名（体育の準備体操、休み時間のレクの企画など）
・図書係…2名（学級文庫の本棚整頓、本のポップ作成、おすすめ本の紹介など）
・保健係…2名（健康観察簿を運ぶ、手洗い・うがい・歯磨きチェックなど）
・新聞係…4名（月に1回程度、学級新聞を作成する）
・学級会係…3名（クラスの話し合いを中心になって行う、イベントの企画など）

※低学年時にあった電気や窓の開け閉めなどの仕事は、日直の仕事として移行する。
※係名を自分たちで考えさせてもおもしろい。（例）体育係→ガッツ！スポーツ係

高学年では教科係制度を取り入れる

中学校への橋渡しを意識し、教科担任制に対応できる係活動を行う

最近では多くの学校で高学年を中心に教科担任制が導入されるようになってきました。完全な教科担任制を導入している学校は稀だと思いますが、理科や音楽、体育など、複数の教科を担任以外の先生が受け持つということは、少なからず行われていると思います。

そこで高学年では、この教科担任制に対応すべく、教科係の制度を設けます。すべての教科に担当をつけ、**担当の先生と連携のうえ、次回の授業内容や準備物、宿題などを確実に全員に伝達させるようにします**。もちろんその教科が担任の授業であっても同様です。

さらに、教科ならではの仕事もプラスαで行わせるようにします。

以下は、高学年の係活動の一覧（30人学級の場合）です。

・国　語　係…２名（国語科の授業内容・準備物・宿題の確認、漢字ノートなど回収）
・書　写　係…２名（書写の授業内容・準備物・宿題の確認、書写の準備）
・社　会　係…２名（社会科の授業内容・準備物・宿題の確認、社会ノートなど回収）
・算　数　係…２名（算数科の授業内容・準備物・宿題の確認、計算ノートなど回収）
・理　科　係…２名（理科の授業内容・準備物・宿題の確認、メダカのエサやりなど）
・音　楽　係…２名（音楽科の授業内容・準備物・宿題の確認、歌の指揮・伴奏など）
・図　工　係…２名（図画工作科の授業内容・準備物・宿題の確認、教室掲示など）
・家庭科係…２名（家庭科の授業内容・準備物・宿題の確認、教室掲示など）
・体　育　係…３名（体育科の授業内容・準備物の確認、準備体操、用具の準備など）
・道　徳　係…１名（道徳科の授業内容・準備物の確認、欠席者の連絡を書くなど）
・外国語係…２名（外国語科の授業内容・準備物・宿題の確認、英語の号令など）
・総　合　係…２名（総合的な学習の時間の内容・準備物の確認、教室掲示など）
・配　付　係…２名（ポストに配付物を取りに行く、全員に配付する）
・学級活動係…４名（学級会の運営、レクリエーションの企画など）

教科係に、その教科にかかわるすべての仕事を責任をもって行わせる

教科係になった子には、その教科にかかわるすべての仕事を責任をもって行わせるようにします。具体的には、以下のような内容です。

必ず毎回行う仕事

・授業終了後に黒板を消す（特に理科室などは絶対に消し忘れがないようにする）。
・授業終了後、もしくは別の時間に、教科担当の先生と、次の時間の授業内容・準備物・場所・宿題の有無（あればその内容）を確認する。
・確認した内容を連絡黒板に書き、帰りの会の「翌日の時間割の確認」でみんなに伝達する（第1章8節「『1日のおわり・帰りの会』のシステム」参照）。
・朝、担当教科の宿題を回収し、名簿をつけて、教科担当の先生に提出する。

必要に応じて行う仕事

・授業の準備（書写の際のバケツの用意、体育の用具の準備など）。
・教科担当の先生に頼まれたこと（体育の準備体操、帰りの歌の指揮・伴奏など）。

なお、教科係になった子には、一層自覚をもたせるように、係が決まった日に、次のように教科担当の先生にあいさつに行かせるようにしています。

児　童　体育係になった5年生の○○です。1学期の間、よろしくお願いします。
教科担当　よろしくお願いします。
児　童　早速ですが、明日の授業内容と場所、準備物などを教えてください。
教科担当　明日は短距離走をします。体操服に着替えて、水筒を忘れずに運動場に集合してください。
児　童　集合場所は朝礼台の前でいいですか?
教科担当　はい。
児　童　そのほか毎時間何かした方がよいことはありますか。例えば体操などです。
教科担当　では、毎時間準備体操をお願いします。用具の準備はその都度言いますね。
児　童　わかりました。ありがとうございます。これからよろしくお願いします。

こうしたやりとりの例を子どもたちに示し、一度練習してから教科担当の先生のところに行かせてもよいかもしれません。**メモ帳なども必ず持たせるようにしましょう。**

サークル活動で文化的な学級をつくる

「絶対にやるべき仕事」と「自主性に任せる仕事」をすみ分ける

これまで低学年・中学年・高学年と発達段階に応じた係（当番）活動の具体を示してきましたが、係の仕事を取り決めるうえで、注意しなければならないことがあります。それは、「絶対にやるべき仕事」と「自主性に任せる仕事」をきちんとすみ分けすることです。

私がまだ教師になったばかりのころ、4月の学級活動で、どんな係が必要かを子どもたちに考えさせました。配り物係、黒板消し係、花の水替え係などいろいろな意見が出てきましたが、その中で、「みんなが楽しめる『お楽しみ会係』をつくろう」という意見が出てきました。当時の私はあまり深く考えず、「いいアイデアですね。ぜひその係もつくりましょう」と子どもたちのアイデアに乗ることにしました。

ところが1か月が経過したところ、一部の子から不満が出始めました。その子たちの言い分は、「先生、私たち『配り物係』は毎日仕事があるのに、『お楽しみ係』はめったに仕事がありません。ただ内容を決めるだけだし。これって不公平じゃないですか？」というものでした。

今考えると、本当にその通りだなと思います。私たち大人だって、同じ職場で仕事の量に極端な差があると、多少は不満を感じてしまうものです。これは子どもたちも同じことです。全員が納得する活動にするためには、「絶対にやるべき仕事」、つまりその仕事が行われないとみんなが困るものと、「自主性に任せる仕事」、つまりなくても困ることはないけど、あればみんなが楽しく生活できるものとを、きちんとすみ分けすることが大切です。

この問題を解決する策は2つあります。

1つは、**それぞれの係にこの両方を意識した仕事（活動）を位置づけること**です。例えば、図書係が毎日本棚の整頓をしつつ、月に1回程度本の紹介タイムを行う。体育係が用具の準備や体操を行いつつ、休けい時間の遊びを考える仕事も兼ねる、といった具合です。

もう1つが、これから紹介する**「サークル活動」を学級に位置づける方法**です。

サークル活動のすすめ

このサークル活動を始めるタイミングは、日直や係（当番）活動が安定してきた5月ごろがよいと思います。それまでの1か月間、子どもたちから出てくる「休み時間にみんなで遊びたい」「学級新聞をつくってみたい」「おすすめ本を紹介するポップをつくりたい」といった声にしっかりと耳を傾けておき、必要であればメモをとっておきます。

GWが明けたころの学級活動の時間に、「みんなからあんなことしたい、こんなことしたいという声がたくさん寄せられています。そこで、このクラスで『サークル活動』に取り組んでみようと思うのだけど、やってみない？」と投げかけます。この段階では、子どもたちもよくわかっていないので、次のような説明を加えます。

・サークル活動は、自分たちのやりたい活動を自由に行う集まりである。みんなが楽しめて、クラスの笑顔が増える活動が望ましい。
・サークルはいつでもだれでも発足できる。複数つくるのも可能だが無理はしない。
・各サークルの企画は基本的にだれでも参加できる。仲間外れは絶対にいけない。

サークル活動のアイデアについては、もちろん1時間しっかりと使って考えさせます。私が実際に高学年でサークル活動を取り入れた際は、次のようなアイデアが出ました。

・**遊びサークル**（毎日の外遊びを、サークルメンバーが日替わりで企画する。その遊びには、だれでも自由に参加できる）
・**読書サークル**（おすすめの本のポップをつくり、本のおもしろさを紹介する）
・**手芸サークル**（家庭科の学習を生かして、生活に役立つものをいろいろつくって紹介し合う（布は担任が用意））
・**ハッピーバースデーサークル**（一人ひとりの誕生日に向けて、プレゼントとなる色紙を作成する（色紙は担任が用意）。帰りの会でみんなでお祝いの歌を歌って渡す）
・**クイズサークル**（ひたすらクイズをつくり、帰りの会で出題する）
・**ニュースサークル**（クラスの話題を新聞にして教室内に掲示する）　など

このサークル活動を始めると、驚くほどクラスが明るく、文化的になります。子どもたちの自主性も育ちます。もちろん飽きて、活動が停滞してもかまいません。**「なくなってもだれも困らない」くらいのゆとりをもち、子どもたちの活動を見守りたい**ものです。

❸班長を中心とした班活動を積極的に取り入れる

日々の授業で，班長を中心とした班活動を積極的に取り入れます。その中でも特に大切にしたいのが，班での話し合い活動です。基本的な話し合いの進め方を示し，自分たちで新しいアイデアを出したり考えをまとめたりできるようにします。

話し合いを進行する力をクラス全員に身につけさせるためにも，学期のうちに一度は班長に立候補するように声をかけていきましょう。

7
「席替え・班活動」のシステム

システムのポイント

❶学級の実態に応じて席替えの仕方を工夫する

席替えの方法は大きく分けて以下の３つがあります。

1　くじ引きで決める
2　教師が決める
3　先に班長を選出し，班長会議で決める

クラスのリーダーを積極的に育てたいという場合は，３の方法が有効ですが，学級の実態に応じて，最もよい方法を選択すればよいでしょう。

❷席替え直後のレクリエーションで班の団結力を高める

席が決まって班が編成されると，まずは自己紹介。そして，班長が決まったら，簡単なレクリエーションを行います。おすすめは「共通点をさがせ！」「オンリーワンはダメよ！」「全員一致ゲーム」です。楽しいゲームを通して，班の団結力を一気に高めます。

学級の実態に応じて席替えの仕方を工夫する

席替えの方法はいろいろ

私は、席替えを月に1回のペースで行っています。特にきまりがあるわけではありませんが、できるだけ多くの友だちと関係を築いてほしいという思いから、このようなシステムにしています。

席替えの方法はたくさんあります。オーソドックスなのは、くじ引きによる決定です。ドキドキワクワク、スリルもあり、子どもたちも大喜びで結果を見守ります。

人間関係が複雑で、配慮が特に必要な学級の場合は、先生が決めてしまうという方法もあります。低学年におすすめの方法です。高学年になると、子どもたちから不平・不満が出ることも多いので、少し注意が必要です。

その他、班長を先に選出し、班長会議を通して班や席を決定するという方法もあります。例えば30人学級の場合、5人班を6つつくるので、班長を6人選出します。立候補が多かった場合は、じゃんけんで決めます。投票で選ぶのであれば、毎回同じ子にならないように、2回連続になる場合は他の立候補者に譲るといったルールを設けましょう。

班長が決まったら、休み時間などを利用して、班長会議をもちます。班長会議で出てきた意見は絶対に他に漏らさないという約束を交わし、教師も同席のうえで、自由に子どもたちの人間関係や配慮すべき点などについて話し合わせます。

「AくんとBくんが一緒になるとついふざけるから、別の班の方がいいと思います」

「Cさんは最近元気がないから、私の班に入れて、しっかりサポートしていきます」

班長のリーダー的資質を育てるのに絶好の機会と言えます。この方法を採用する場合、班長が考えた班や席については、絶対に不満を言ってはいけないというルールを全体で確認しましょう。

なお、この班長を先に決めてから班長会議でグループを編成するという方法は、社会見学や野外活動、修学旅行の班決めなどでも活用できます。その際は、一層リーダーの資質が求められるため、立候補や投票により班長を選出する方が得策と考えます。

席替え直後のレクリエーションで班の団結力を高める

様々なレクリエーションで班の団結力を高める

席や班が決まったら、まずお互いに自己紹介をさせます。

「1班になった○○です。特技はサッカーです。よろしくお願いします（拍手）」

もちろんクラスメイトですので、お互いのことはよくわかっていると思いますが、こうした最初のあいさつの時間は、ぜひとも大切にしたいものです。

続いて、班長を選出します。前項で示した班長会議方式で席や班を決めた場合は必要ありませんが、くじ引き等で決めた場合は、必ずこの場面で班長を決めます。決め方は、立候補、推薦、じゃんけんなど、何でもかまいません。**じゃんけんの場合は、最後まで勝ち残った人を班長に任命する制度を設ければ、不思議と温かい雰囲気になります。**

班長が決まると、続いてレクリエーションを行います。班の団結力を高めるおすすめのゲームをいくつか紹介します。

共通点をさがせ！

新しい班のメンバーで何か共通することを発見させます。みんな理科が好き、みんな兄弟がいるなど、何でもかまいません。時間を決めて小さめのホワイトボードに書き出し、見つけた数だけ点数が入ります。ただし「みんな5年生」のような、全員に当てはまる解答は得点になりません。教師が判定を下して場を盛り上げます。

オンリーワンはダメよ！

「赤い食べ物と言えば？」「先生のいいところと言えば？」など、教師が出したお題に対する解答を班で考えさせ、ホワイトボードに書かせます。「せ～の」の合図でボードを一斉に上げさせ、他の班と意見が同じだと点数をゲットできます。

全員一致ゲーム

班のメンバー全員が前に並び、「休み時間で一番盛り上がる遊びと言えば？」のようなお題に「せ～の」で解答します。見事全員が一致したときだけ点数が入ります。

班長を中心とした班活動を積極的に取り入れる

授業や学級会での話し合いは班会議をベースとする

第2章4節「『学習活動』のシステム」でも触れますが、毎時間の授業での話し合いは、班活動をベースにするとよいでしょう。授業の中で生まれた様々な課題を、全体で協議する前に、一度班でしっかりと議論させるという流れです。

班活動を積極的に取り入れていくことには様々なメリットがあります。まず少人数なので、普段は発言の少ない子にもしっかりと自分の考えを表現する機会が与えられます。また、班長を中心に自治的に問題を解決していく力も育ちます。そして何より、少人数で活動することで、連帯感や仲間意識が生まれ、よりよい人間関係づくりにもつながります。

班活動を充実させるには、班長を中心とした話し合いの進め方を、国語や学級活動の時

班会議の進め方

☆司会原稿（参考程度。自分で考えて進めてOK！）

①あいさつ・テーマの確認
「これから班会議を始めます。礼。」
「今から話し合うテーマは、…です。」
②一人ずつ自分の考えを述べる。
「では、〇〇くんから順番に自分の考えを言ってください」
③質疑・協議
「それぞれの意見に何か質問はありますか。」
「賛成意見、反対意見があれば言ってください。」
④まとめ
「みんなの意見をまとめます。
…ということでいいですか。」
「誰かこの意見を発表したい人はいますか。」
※毎回班長が発表する必要はありません。ただし、みんなが困っているときは、積極的に班長がその役を引き受けよう！
⑤あいさつ
「これで班会議を終わります。礼。」

間を利用して確実に指導することが大切です。私は、最初のうちは上のようなシートを使って班の話し合いを進めさせます（この通りでなくてもかまいません。あくまでも参考です）。自分たちなりの進め方が見られたときは、しっかりと肯定的評価を行います。また、できるだけ多くの子に司会の経験を積んでほしいという願いから、学期のうちに一度は全員に班長に立候補するように勧めています。

このような活動を繰り返していると、1か月でずいぶん班の仲が深まります。次の席替え（班替え）の際は、その班で一番心に残ったことをひと言ずつ話すようにしています。

「2班で一番心に残ったことは、理科の実験を毎回一緒にがんばったことです。1か月間、ありがとうございました（拍手）」

「翌月も同じ教室にいるのに、なんだか寂しい気持ちがする」と子どもたちが感じ始めたら、クラスの仲間づくりがうまくいっている証拠です。

❹翌日の連絡を全員で確認するシステムを設ける

教科担任制が導入されている高学年では，各教科の内容や準備物，宿題などが確実に全員に伝わるようなシステムを設けることが大切です。教科係から全員に説明させる時間を設けましょう。

❺「先生の話」で子どもたちの心をしっかりと耕す

どの学級でも当たり前のように行われている帰りの会での「先生の話」。この話が，単なる伝達事項に終わってはいないでしょうか。教師の話をちょっと工夫するだけで，子どもたちの心をしっかりと耕すことができます。ぜひとも大切にしたい時間です。

❻下校前の一日一善で教室も心もすっきりさせる

私の学級では，下校前に「一日一善タイム」を設けています。約1分間，みんなのためになることに進んで取り組ませます。机の向きをそろえる。黒板をきれいにする，本棚を整える。自分で仕事を考え，行動に移させるのがポイントです。これをするだけで，教室がすっきりと片づき，気持ちよく下校させることができます。

8
「1日のおわり・帰りの会」のシステム

システムのポイント

❶子どもと相談して帰りの会のメニューを決める

帰りの会で何をするかについては，子どもと相談して決めるのがよいと思います。前年度の内容を参考にしてもよいですし，学年が1つ上がったということで，新たな内容を取り入れてもよいでしょう。

❷がんばりを認め合う場を設ける

帰りの会で，その日1日でがんばっていた友だちや望ましい行動がとれた友だちなどを発表し合い，互いに称賛し合う場を設けます。友だちのよいところを見つけようとする姿勢が育ちますし，よりよい人間関係づくりにもつながります。

❸生活の改善点を指摘し合う場を設ける

トイレのスリッパがそろっていない，廊下を走っているなど，生活の改善点は日々出てくるもの。こうした点を互いに遠慮なく指摘し合える場を設けましょう。ただし，あくまでもクラスをよりよくすることが目的です。個人攻撃にならないように気をつけましょう。

子どもと相談して帰りの会のメニューを決める

遅くとも学級開きから3日以内には帰りの会をスタートさせる

1日を締めくくる帰りの会。帰りの会は極力簡単に済ませ、速やかに下校させるべきという考えの先生も多くおられると思いますが、私は、比較的しっかりと帰りの会を行うようにしています。**1日をしっかりと振り返り、かつ様々な子が活躍できる場を設けることが、よりよい学級づくりにつながると考えているから**です。

とはいえ、帰りの会に費やすことのできる時間は、長くても15分程度でしょう。その限られた時間の中で何をするかは、教師が決めてしまってもかまいませんが、できれば子どもたちと相談して決定したいものです。可能であれば、学級開きの日にでも早速その話を子どもたちに投げかけ、遅くとも3日以内には始められるようにします。

以下は、私が実際に中学年と高学年を担任した際の帰りの会のメニュー表です。いくつかの内容について次項から解説していきますが、スピーチ活動については、本章3節「『日直』のシステム」を参照ください。

帰りの会メニュー

①今日のキラリ☆
②お知らせ
③日直スピーチ（一分間）
④日直タイム（三分間以内）
⑤歌（音楽係）
⑥先生の話
⑦あいさつ

帰りの会のメニュー例（中学年用）

帰りの会メニュー

①今日のヒーロー
②時間割の確認
③お知らせ
④日直スピーチ
⑤先生の話
⑥歌（音楽係）
⑦一日一善（一分間）
⑧あいさつ

帰りの会のメニュー例（高学年用）

がんばりを認め合う場を設ける

その日1日の友だちのよかったところを振り返らせる

帰りの会でまず欠かせないのが、その日1日で何かをがんばった友だちや望ましい行動ができた友だちをほめ合う時間です。「今日のキラリ」「今日のヒーロー」「今日のグッド」など、ネーミングを少し工夫するとよいでしょう。

以下のような流れで行います。

日　直　「今日のキラリ」を発表してください。

児童A　○○くんが、逆上がりができるようになってすごいと思いました。（拍手）

児童B　○○さんが、給食の仕事を手伝ってくれました。うれしかったです。（拍手）

児童C　音楽の時間にみんなの歌声をほめてもらってうれしかったです。（拍手）

友だちからほめられてうれしくない子はいません。よりよい人間関係をつくるうえでも、こうした時間は大切にしていきましょう。

出てきた意見は、付箋や小さめのカードなどに書き、どんどん掲示していくのもおすすめです。たくさん出てきた場合は、その中から1つ選んで書くとよいでしょう。日直や係に選ばせて書かせるという方法もあります。

なお、あまり多過ぎると帰りの会の時間が長くなるので、発表できるのは5人までといったルールを設けてもよいかもしれません。言いたくても言えなかった子には、その日の作文に書いてくるように伝え、翌日の朝の会や帰りの会の「先生の話」で紹介するようにします。

生活の改善点を指摘し合う場を設ける

よりよい学級をつくるには、厳しく指摘し合うことも必要

自治的なクラスをつくろうと思ったら、生活の仕方の改善点をどんどん指摘し合うことが大切です。

例えば、以下のようなやりとりです。

日　直　係や当番から何かお知らせはありますか？

児童A　トイレのスリッパがそろっていないので、きちんとそろえるようにしましょう。

児童B　教室移動のとき、走っている人がいました。危ないのでやめてください。

児童C　机をきちんと下げていない人がいて、掃除のときに困りました。きちんと下げてから遊びに行くようにしてください。

このような指摘は、自分たちの力でクラスをよりよくしていこうという気持ちの表れですから、大切にしていくべきです。ただし、あまりに指摘が続いて、帰りの会がダラダラと長くなるのも感心しません。そこで、**クラスがよりよくなるためにどうしてもみんなに伝えるべきだと思う内容を選んで話すことや、全体の場での個人攻撃はしないことなどを指導します**。

また、その月の生活目標を設定している学校や学級もあると思います。その場合は、目標が達成できているかどうかを確認する時間を設けるとよいでしょう。

日　直　今月の生活目標は「廊下の右側を歩こう」でした。この目標が達成できなかった人は手をあげてください。反省とどのように改善するかを言ってください。

児童A　理科室に行くときに、遅れてはいけないと思って走ってしまいました。明日は余裕をもって移動するように気をつけます。

日　直　明日は全員が守れるように気をつけていきましょう。

このような流れです。きちんと反省が言えた子には、「よく言えたね。明日は気をつけられるといいね」と温かく声をかけてあげましょう。

翌日の連絡を全員で確認するシステムを設ける

教科担任制を導入している高学年では、特に必要な時間

近年高学年で、教科担任制が導入されるようになってきました。その場合、絶対に帰りの会に取り入れるべきなのが、この翌日の時間割の確認です。

日　直　明日の時間割の確認をします。1時間目、国語。

国語係　明日の国語は、詩の学習をします。宿題は漢字ノート1ページです。

日　直　2時間目、算数。

算数係　明日の算数は、図形の勉強です。宿題は計算ドリル⑮です。明日の算数は、三角定規を使うので、必ず持って来てください。

このような流れです。もちろん、担任の授業であっても、必ず係から授業内容や宿題、

準備物などについて報告させるようにします。

帰りの会で翌日の時間割を確認する際、大切なポイントがあります。それは、**全員の机の上に、筆記用具と連絡帳を用意させておく**ということです。教科係の説明を聞きながら、連絡帳に書き漏らした点についてはすぐに記録させるようにします。続けていくと、「明日の体育は保健です。保健の教科書を持って来てください。忘れてはいけないので、全員赤鉛筆で線を引くか、付箋を貼るなどしてください」といったように、説明にも創意工夫が見られるようになってきます。

私の学級では、このシステムを導入したことで、飛躍的に忘れ物が減りました。教科担当の先生が出した宿題の内容も、個々の認識が曖昧なことがよくありましたが、このシステムによって、そのようなこともなくなりました。教科係に責任と自覚をもたせることができ、かつ忘れ物も減らすことができる、おすすめの方法です。

なお、担当教科の先生が出張などで不在のため、教科係が授業内容を確認できなかったという事態も当然日々起こります。その際は、「すみません。確認できていません」と報告すれば、それでよしとします。

「先生の話」で子どもたちの心をしっかりと耕す

子どもたちにとって楽しみになるように工夫する

どの学級でも当たり前のように行われているのが、帰りの会での「先生の話」。この先生の話の内容が、単なる伝達事項になってはいないでしょうか。また、毎日説教めいた話をして、子どもたちが先生の話を聞くのに嫌気が差しているということはないでしょうか。この「先生の話」を少し工夫することで、子どもたちの心をしっかりと耕すことができます。例えば先日、このような話をしました。

「今日すごい場面を目撃したんだよ。何だと思いますか? 実は、○○さんが、みんなが使った雑巾を1枚1枚ピンとのばして、きれいにかけてくれていました。1枚1枚だよ。本当に感動しました。○○さん、本当にありがとう」

子どもたちは食い入るように話を聞き、最後は自然と拍手が起きました。このような話をしようと思ったら、一日中、子どもたちの様子をよく観察する必要があります。特別なことでなく、ちょっとした出来事でよいのです。いつも乱暴な子がドッジボールでボールを譲ってあげていた。ある子が朝会うといつもより大きな声であいさつをした。運動の苦手な子が一生懸命鉄棒の練習をしていた。**日々のちょっとした出来事を、いかにも大きなこと、すごいことであるかのように語る、**ここが教師の腕の見せ所です。

なお、「先生の話」がいつも同じような内容だと飽きるので、バリエーションを加えることをおすすめします。以下のような話をしてみてください。きっと子どもたちの目が変わってくると思います。

・感動した話（先述のような、クラスの出来事を取り上げるとよいでしょう）
・おもしろい話（特に教師自身の昔の失敗談がおすすめです）
・雑学的な話（私がよくするのは「今日は何の日？」という話です）
・おすすめ本の紹介（子どもたちが「その本貸してください！」と集まってきます）

下校前の一日一善で教室も心もすっきりさせる

1分間の「一日一善タイム」

最後に、子どもたちを下校させる前のおすすめの取組を紹介します。それがこの「一日一善タイム」です。

方法は簡単です。タイマーを1分間にセットし、「自分がだれかのためになると思うことを探して取り組んでごらん。ゴミ拾いをしたり、机の向きを整えたり、本棚の整頓をしたり、何でもかまいません。では開始！」と指示します。子どもたちは一生懸命仕事を探し、自分で何か人のためになることを行おうとします。

教師はそれを見ながら、「黒板のチョークを並べてくれているんだね。ありがとう」「床を掃いてくれているの？　うれしいなぁ」と肯定的な声かけを続けます。あっという間に教室がすっきりきれいに整うでしょう。慣れてくると、日直の「一日一善をしましょう」という合図で、子どもたちがどんどん動くようになります。

1分経つと、自分の席の位置に戻り、「さようなら」をして下校。**1日の最後に言われる言葉が「ありがとう」なので、教師も子どももすっきりした心持ちでその日を終えることができます**。

なお私は、下校時は毎日「さよならじゃんけん」をするようにしています。

日直　帰りのあいさつをしましょう。さようなら。
児童　さようなら。じゃんけんぽん！

（以前はじゃんけんの後、一人ひとりグータッチをして下校していたこともありますが、感染症予防の観点から、現在は自粛しています）

下校の際は、可能であれば、児童玄関まで見送ることをおすすめします。傘などの忘れ物がないか、しっかり確認し、声をかけるようにします。

どんなに嫌なこと、厳しく指導すべきことがあった日も、翌日も学校に来るのが楽しみになるように、気持ちよく笑顔で送り出してあげましょう。

てその課題に対処していくのか，具体的な改善策を出させるようにします。改善策が決まったら，期間を決めて，即実行させます。もちろんその取組がうまくいかなくてもかまいません。その都度取組を改善しながら，自分たちの力で課題解決に向かわせるようにしましょう。

高学年では，学級会での話し合いを踏まえて，ボランティア活動を行うのがおすすめです。

❹学期に１回以上は大きなイベントを行う

お楽しみ会やスポーツ大会など，学級活動の時間を使って，クラス独自のイベントに力を入れておられる先生方も多いと思います。こうしたイベントは，子どもたちの自治的な力を育てる絶好の機会です。せっかく行うのであれば，子どもが自分たちの企画・運営で進められるようにしましょう。

9
「学級活動・学級会」のシステム

システムのポイント

❶４月の学級活動で学級目標づくりを行う

日直や係活動などのシステムがある程度整ったら，できるだけ早い段階で学級目標づくりに取り組みましょう。学級目標づくりのポイントは，自分たちのよい点（強み）と課題（弱み）を明らかにしたうえで，目標を定めていくことです。また，高学年であれば，高学年としての責任や使命について触れてもよいと思います。目標として掲げるフレーズは，短く，覚えやすいものにするのがおすすめです。

❷学級会の進め方を指導する

週に１時間の学級活動の時間。年間計画のうち，まずは教師主導の活動とするのか，子ども主体の活動とするのか，はっきりとすみ分けしましょう。子ども主体の活動であれば，それなりの進め方を指導する必要があります。可能であれば，学級会係もしくは学級リーダーを選出し，自分たちで話し合い活動が進められるようにします。

❸必ず具体的な改善策を出し，即実行させる

話し合い活動では，必ず課題を明確にし，どのようにし

4月の学級活動で学級目標づくりを行う

自分たちのよさや課題、弱みを基に目標を決めさせる

学級目標は、「1年間自分たちが目指すべき姿」を短い言葉で表したものであり、教師が一方的に決めるものでもなければ、子どもたちに丸投げで決めさせるものでもありません。教師と子どもたちとが真剣に話し合い、慎重に議論を重ねたうえで決定するようにしたいものです。

その際、「学級目標は何にしますか？」と直接子どもたちに投げかける方法もありますが、まずは自分たちのよさ（強み）や課題（弱み）を明らかにしたうえで決めていくようにしましょう。また高学年であれば、「高学年としてあるべき姿」といった視点ももたせていくようにします。

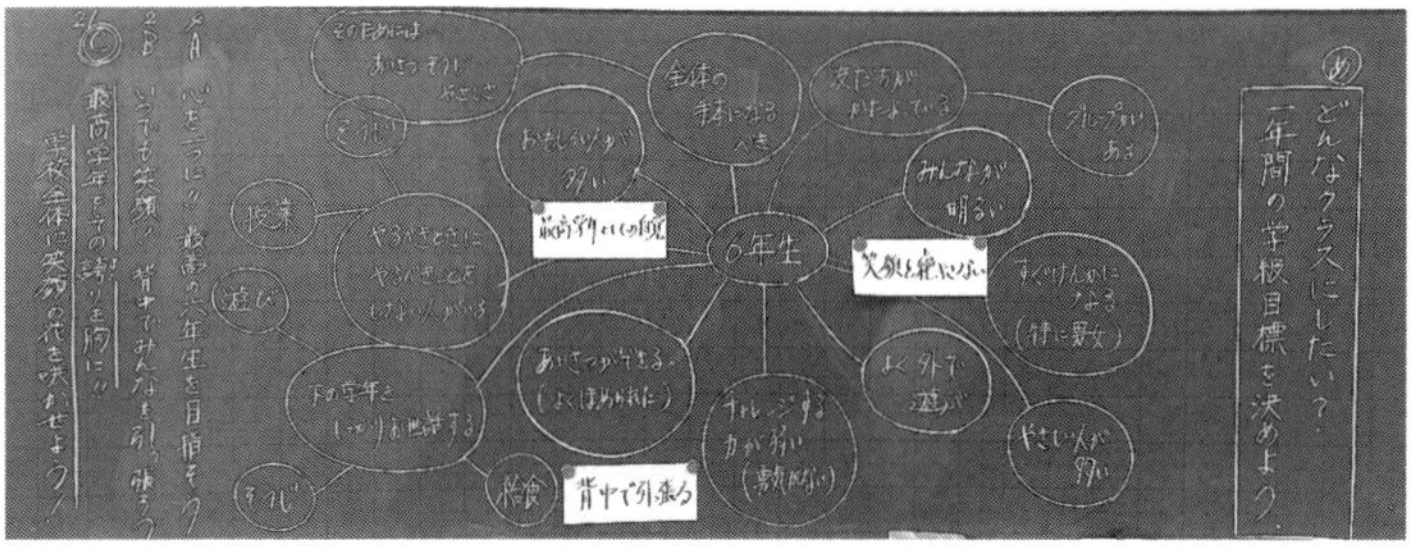

上に示した板書は、6年生で学級目標を決めたときのものです。この時間については、概ね以下のような流れで行いました。

①黒板の中心に「6年生」と書き、学年のよいところ（強み）を考え、発表させる。（黄色で記入）
②学年の課題（弱み）を考え、発表させる。（青で記入）
③最高学年としての責任や心構えとして必要なことを考え、発表させる。（赤で記入）
④黒板に書かれたいろいろな言葉を基に、学級目標（フレーズ）の候補をいくつか考えさせる。
⑤出てきたフレーズの中から、今年の学級目標としてふさわしいものを選ぶ。（最終的には多数決で決める）

なお、決まった学級目標は、大きめに書いて常に教室のどこかに掲示しておきます。様々な学校行事や日々の生活を振り返らせる際に、いつもこの目標に立ち返るようにします。

学級会の進め方を指導する

自分たちで学級会を進められるようにする

学級活動の内容は、年間計画で具体的に決められています。これら一つひとつの活動を「教師主導の活動」として扱うのか、「子ども主体の活動（学級会）」として扱うのか、きちんとすみ分けしておくことが大切です。

例えば、先に示した学級目標づくりや係の仕事分担、食育に関する指導内容などは、教師主導で行うのが得策でしょう。一方で、「雨の日の過ごし方」「運動会の目標決め」などは、学級委員や学級会係などに司会を委ね、子ども主体で行う方がよいでしょう。

子ども主体で行うと、当然時間がかかります。話し合いがうまくまとまらないこともあるでしょう。ですが、こうした機会を利用して自分たちで話し合いを進める活動を経験させなければ、なかなか自治的なクラスには育ちません。また、こうした経験は、高学年での委員会活動や児童会活動に必ず役立ちます。ですから、低学年のときから、ときどきでよいので、子ども主体の話し合い活動（学級会）の時間をもたせるようにします。

とはいえ、子どもたちは当然話し合いの進め方を知りません。そこで大切なのが、**「型」を示すこと**です。

上に示したのは、司会者用に作成した「話し合いの進め方シート」（台本）です。最初のうちは、このシートを使って話し合いを進めさせます。慣れてくると、シートを使わずに司会を進めることにも挑戦させます。また、自分なりに工夫して話し合いを進めようとする姿が見られたときには、しっかりほめてあげましょう。1年間続けると、驚くほど話し合いの進め方が上手になります。

学級会の進め方

☆役割分担（事前に決めておく）
・司会者（会を進行する）
・提案者（議題を提案する）
・記録者（黒板、ノート一名ずつ）

☆司会原稿（参考程度。自分で考えて進めてOK！）

①あいさつ・議題の確認
「これから学級会を始めます。礼。」

「今日の学級会の議題は、…です。」

②提案者による提案
「提案者は提案をお願いします。」

「わたしが今回提案するのは…」

③質疑
「それでは質疑に移ります。提案内容に質問がある人は、手を挙げてください。」（指名→提案者が答える）

④グループ協議
「提案内容について、グループで話し合いをしてください。時間は三分です。」　※必ず時間を決めること。

⑤全体協議
「話し合ったことを発表してください。」

「出てきた意見に対する賛成、反対意見はありますか。」

⑥まとめ・先生の話
「多数決をとります。Aの考えに賛成の人は…。」

「意見をまとめます。最終的に〇〇することになりました。」

「先生の話を聞きましょう。」

⑦あいさつ
「これで学級会を終わります。礼。」

必ず具体的な改善策を出し、即実行させる

「気をつけましょう」で終わらない

学級会の内容にもよりますが、話し合いの最後は必ず改善策を出させ、それを即実行させることが大切です。

例えば「雨の日の過ごし方」についての話し合いで、雨の日に教室や廊下を走り回っている人がいることが課題としてあげられたとします。「一人ひとりが気をつける」「お互いに注意をする」といったことももちろん大切ですが、やや具体性に欠けます。もしそれで話し合いが終了しそうになった場合は、**「具体的な作戦をみんなで考えてごらん」**と投げかけるようにします。「雨の日は、レク係が考えた、教室でできる安全な遊びを行う」「休けい時間に入る前に日直が注意を呼びかける」等の具体策を考えさせます。

また、出てきた具体的な解決策については、いつ、だれが、どのように行うのかを明確にしたうえで、即実行させせます。とりあえず3日間、いえ1日でもよいので、実行させることが大切です。うまくいけば、その取組をそのまま継続させればよいですし、うまくいかなければ、また別の策を考えさせるようにします。

このように、学級会での話し合いをそのときだけで終わりにせず、具体的に実行させることを常に心がけていきましょう。

余談ですが、以前6年生を担任したときに、学校周辺の落ち葉があまりに多くて、登下校中の子はもちろん、地域の方も困っているという声が上がりました。早速学級会でこの議題を取り上げたところ、「ボランティアで毎朝落ち葉掃きをしよう」という解決策がアイデアとして出されました。本音を言うと、当時の私は「いつまで続くかな…」と半信半疑でしたが、結果的に子どもたちは、そのシーズン、毎日欠かさず落ち葉掃きをがんばり抜きました。地域の方や他の先生方、異学年からも感謝の言葉をもらい、子どもたちが本当にうれしそうだったのを覚えています。

人のためになること、だれかの役に立つことなら、子どもたちは進んで動くものです。学級会で話し合ったことを即実行。ぜひご自身の学級で取り組まれてみてください。

学期に1回以上は大きなイベントを行う

できれば教師主導ではなく、子ども主体で

お楽しみ会やスポーツ大会など、学級活動の時間を使って、クラス独自のイベントに力を入れておられる先生も多いと思います。教師が入念に準備を行い、子どもたちをしっかりと楽しませる。もちろんこれはこれで、教師と子どもの信頼関係づくりや、子どもたちの人間関係づくりにおいて一定の効果があると思います。

ですが、せっかく行うのであれば、子どもたち主体で行うことをおすすめします。なぜなら、こうしたイベントは、自治的なクラスに育てる絶好の機会だからです。子どもたちが、自分たちで企画して、必要な役割分担を行い、会を運営していく。**もちろんうまくいかないこともありますが、失敗を通して得ることもきっとあるはず**です。

イベントの内容によって多少異なりますが、私はおおよそ以下のような流れで会を行わせるようにしています。

①学級委員または学級会係を中心に、どんな会にするか、また会を成功させるためには、どのような役割が必要かを話し合う。
②役割分担（司会進行部、出しもの部、飾り部など）を行い、部ごとに準備を行う。（子ども主体といっても、必要な材料・用具については教師が支援を行う）
③自分たちの企画に沿って、会を実施する。
④反省会を開き、よかった点や改善点などについて、振り返りを行う。

これまで数多くの学級を担任してきましたが、一般的なお楽しみ会やスポーツ大会に加え、歌のうまさを競うのど自慢大会、おもしろさを競う漫才大会、百人一首大会、クイズ最強王決定戦など、実にいろいろなイベントが企画されました。もちろん反省点は多々ありましたが、どのイベントも大盛り上がりでした。自分たちで企画・運営する大きなイベントは、子どもたちにとって、きっと忘れられない経験になるはずです。

❸児童会役員としての動き方を指導する

児童会活動は，自治的な学校づくりを目指すうえで，欠かせない活動です。特に児童会役員は，子どもたちの代表ですから，それなりの仕事を行うことが求められます。

ただし，いくら学校のリーダーとして選ばれた子でも，最初から児童会としての動き方を知っているわけではありません。どんな仕事を，どんな手順で行えばよいのか，丁寧に指導することが大切です。

学校によって仕事内容は異なると思いますが，集会活動の司会進行や代表委員会の運営，学校行事のあいさつ，児童会新聞（児童会便り）の発行など，一つひとつの仕事の手順をしっかりと示し，日々励ましながら，自治的に活動する力を育てていくことが大切です。

❹イベントは児童会を中心としつつ，全員で行う

全校でのレクリエーション，１年生を迎える会，６年生を送る会など，児童会が中心になって進めるイベントが年に何度かあると思います。その際は，児童会が中心になって企画・運営するのはもちろんですが，可能であれば，６年生全員で仕事を分担して取り組むようにしましょう。全員の力を結集させて取り組む一大イベント。きっと大きな達成感を味わわせることができるはずです。

10

「委員会活動・児童会活動」のシステム

システムのポイント

❶委員長としての動き方を指導する

委員会の時間が始まっても，委員長自身が何をするのかわかっていない。沈黙が続き，無駄な時間が流れる。このようなことはないでしょうか。これは，６年生の担任が，委員長に事前の動き方を指導していないことが原因の１つだと考えられます。担当の先生と事前に連携する，小黒板を用意しておく，必要な準備物をそろえるなど，委員長としての動き方を明確に示し，自分たちの力で委員会活動が進められるようにしましょう。

❷委員会活動の一覧表を作成し，日々チェックを行う

委員会活動は，どうしても担任の見えないところで子どもたちが動くので，ともすると，いいかげんになりがちです。そこで，第１回の委員会活動が終わった後に，だれが，いつ，どんな活動（仕事）をするのかを一覧表にし，教室に掲示しておきます。また，朝の会でその日仕事がある人を確認したり，帰りの会で仕事が終わったかどうかチェックしたりするシステムを設ける方法もあります。

委員長としての動き方を指導する

最初から何もかも自分でできる子どもはいない

学校全体を動かす要となる委員会活動。その委員会活動が充実するかどうかについては、6年生担任の力が非常に大きいと考えます。

多くの場合、委員長は6年生から選出されるはずです。もちろん個々の委員会にそれぞれ担当となる教員がおり、詳しい活動内容はその担当者が指導すべきですが、委員長がどのような心がまえをもち、また、どのような動き方をすべきかについては、6年生の担任がしっかりと指導するべきでしょう。

みんなの信頼を得て選出された委員長ですが、最初から何もかも自分でできる子は当然いません。少なくとも、次ページ以降に示す内容について指導を行う必要があります。

担当の先生と事前に連携を取り、委員会の活動内容を確認する

委員長には、委員会の集まりがある数日前から、各委員会の担当の先生に、連携を取らせるようにしています。

例えば、以下のようなやりとりです。

委員長 図書委員会の委員長になりました○○です。よろしくお願いします。

担当教員 よろしくお願いします。

委員長 来週の第1回の委員会の集まりの内容について相談させてください。まず自己紹介。次に委員会の目標を決めて、仕事内容を確認する。それから本の整備や貸し出しの担当曜日を決めて、時間が余れば、他にどんな活動ができるか、アイデアをみんなに出してもらおうと思います。どうでしょうか?

担当教員 よいと思います。実際に本の貸し出しの練習もしてみましょう。

委員長 わかりました。ありがとうございます。では、委員会の最後に○○先生からひと言お願いします。当日はよろしくお願いします。

事前に自分なりに活動内容を考えさせたうえで、相談に行かせることが大切です。

事前に活動内容を黒板に書かせておく

委員会が始まってからようやく黒板を書く様子をよく目にしますが、子どもは黒板に書くことに慣れていないため、どうしても時間がかかり、話し合いが停滞してしまいます。そこで大切なのが、事前に活動内容について黒板に書かせておくことです。

委員会の場所が普段あまり使っていない特別教室であれば、許可を得たうえで休み時間などに書かせておくこともできますが、そうでない場合は、直前までその教室を使っているため、事前に書くことができません。そのような場合は、上の写真のように、**小黒板に簡単に活動内容を書かせ、それを持って委員会の活動教室に行かせる**ようにします。もちろんこうした仕事は、何もすべて委員長1人で抱える必要はなく、副委員長やそのほかの委員に任せてもよいでしょう。

話し合いの進め方を指導する

委員会の進め方

☆役割分担（事前に決めておく）

・委員長　（会を進行する）
・副委員長（会の進行をサポートする）
・書　　記（黒板、ノート一名ずつ）

☆司会原稿（参考程度。自分で考えて進めてＯＫ！）

①あいさつ・出席確認
「これから○○委員会を始めます。礼。」

「出席を確認します。五年生○○くん・・・。」

②活動内容の確認
「今日の活動内容を説明します。まず、日々の取り組みの反省をします。次に・・・。」

③取り組みの反省
「先月の取り組みの反省をします。学年・曜日ごとに、忘れずにできていたかどうか、きちんと仕事を行ったか反省してください。気付きがあった場合も後で発表してください。」

「では、学年・曜日ごとに発表してください。」

④その日の活動内容
「今日は○○をします。手順を説明します。」
※誰が、どこで、何をするのかをしっかり説明する。
※材料が必要な場合は、事前に担当の先生にお願いする。

⑥次回の活動の説明・先生の話
「これで今日の活動は終わりです。次回の委員会では…をします。持ってくるものは・・・。」

「先生の話を聞きましょう。」

⑦あいさつ
「これで○○委員会を終わります。礼。」

第1章9節の「『学級活動・学級会』のシステム」でも述べましたが、何も指導していないのに、話し合いを上手に進められる子はほとんどいません。にもかかわらず、いきなり委員長に1時間丸投げするというのは、あまりにも酷です。

そこで、学級会と同じように、委員長に上手な話し合いの進め方を指導しておきましょう。上に示したようなシートを用意し、必要に応じてそのシートを見ながら話し合いを進めるように伝えます。もちろん、学級会の司会の経験が豊富で、自分の力で進められるという子には必要ありません。司会に慣れてきたら、こうしたシートも見ずに、アドリブで進められるようになります。

委員会活動の一覧表を作成し、日々チェックを行う

活動が見えないからこそ、しっかり把握する

図書委員会による本の貸し出し、園芸委員会による校庭の花の水やり、美化委員会による校内の清掃など、委員会の仕事は様々な場所で行われるため、すべての子が、日々すべての仕事をきちんとこなしているかを担任が目にすることはできません。そのため、仕事がいいかげんになり、滞ってしまう危険性もあります。

だからこそ学級担任は、だれが、いつ、どこで、どんな仕事を行うのかをしっかりと把握しておくことが大切です。

私は、第1回の委員会の集まりが終わった翌日に、一人ひとりがどのような仕事を割り振られたのかを聞き取り、一覧表にまとめるようにしています。

委員会活動仕事一覧表

委員会	月	火	水	木	金
体育委員会		児童A・児童B 昼：ボール貸出		児童C・児童D 昼：ボール貸出	
図書委員会	児童E 昼：本の貸出			児童F 昼：本の貸出	
美化委員会	児童G・児童H 昼：靴箱・スリッパ	児童G・児童H 昼：靴箱・スリッパ	児童G・児童H 昼：靴箱・スリッパ	児童G・児童H 昼：靴箱・スリッパ	児童G・児童H 昼：靴箱・スリッパ
給食委員会			児童I 朝：給食献立		児童J 朝：給食献立
園芸委員会	児童K・児童L 朝：水やり		児童K・児童L 朝：水やり		児童K・児童L 朝：水やり
保健委員会	児童M・児童N 朝：健康観察簿	児童M・児童N 朝：健康観察簿	児童M・児童N 朝：健康観察簿	児童M・児童N 朝：健康観察簿	児童M・児童N 朝：健康観察簿
放送委員会		児童O・P 朝昼：校内放送		児童Q・児童R 朝昼：校内放送	
生活委員会	児童S 朝：あいさつ運動		児童T 朝：あいさつ運動		児童U 朝：あいさつ運動
児童会		児童会全員 朝：児童集会		児童会全員 昼：代表委員会	

☆自分の仕事に責任をもち，確実に日々の仕事を行うようにしよう！

この表を基に、「○○くん、今日はお昼の放送があるんだね。がんばってね」「△△さん、花の水やりがあるんだね。よろしくね」といった声かけをします。

また、朝の会の時間に、日直に「今日委員会の仕事がある人は手をあげてください。仕事がある人は、責任をもって行いましょう」と言わせる時間を設けてもよいかもしれません。さらに、本章第8節「『1日のおわり・帰りの会』のシステム」でも取り上げましたが、**帰りの会で委員会の仕事ができたかどうかを確認し合う方法もおすすめ**です。

担任には見えない部分であるからこそ、しっかりとチェックを行い、一人ひとりが確実に仕事を行えるようにしましょう。

児童会役員としての動き方を指導する

まずは仕事の「型」を教え、そのうえで自主的な動きを期待する

委員会と同じく、学校全体の要となる児童会活動。学校によっては、児童会選挙によって選出された子どもたちがその役を担うことになると思います。これも先述の委員長の仕事と同じで、いくらみんなの信任を得て選ばれたとはいえ、最初からその仕事を自分だけで行えるはずがありません。まずは、**児童会役員の仕事の「型」をきちんと指導することが大切**です。

児童会役員の仕事は多岐に渡ります。集会活動の司会や代表委員会の運営、行事の代表あいさつ、児童会新聞の発行、そのほかにも、児童会役員が中心になってあいさつ運動を実施している学校もあるでしょう。その一つひとつを丁寧に指導していくことが大切です。

以下は、私が児童会を担当した際に、子どもたちに最初に配付しているシートです。児童会を担当することになったら、ぜひ参考にしてください。

児童集会の進め方

☆事前の準備

・司会者　→ 内容の確認、進行の練習
・スピーチ担当 → 全校の前で話す内容を考えておく
・その他の人 → 体育館を開ける、窓を開ける
　　　　　　→ 入口であいさつをしながら迎える

☆基本的な流れ

①あいさつ
「立ってください。これから児童集会を始めます。礼。座りましょう。」
②児童会の話
「まずは児童会のスピーチです。○○くん（さん）お願いします。」※スピーチ担当の話
③内容の確認・進行
「今日は、レクリエーションをします。」

「今日は○年生の発表です。○年生お願いします。」

「今日は○○委員会の発表です。○○委員会お願いします。」
④先生の話
「○○先生のお話を聞きましょう。」

「このほか先生方から何か連絡はありますか。」
⑥あいさつ
「立ってください。これで児童集会を終わります。礼。

一年生から静かに並んで教室に帰りましょう。」

☆事後の片付け

・全員で窓を閉める、体育館を閉める。

代表委員会の進め方

☆事前の準備

・司会者 → 内容の確認、進行の練習
・提案者 → 提案原稿の作成
・書記 → 黒板を事前に書いておく
・その他 → 児童会室の準備、資料の準備など

☆基本的な流れ

①あいさつ・出席確認
「これから代表委員会を始めます。礼。」

「出席を確認します。一年生。二年生・・・。」
②提案者による提案
「提案者は提案をお願いします。」

「今回児童会が提案するのは・・・」
③質疑
「それでは質疑に移ります。提案内容に質問がある人は、手を挙げてください。」（指名→提案者が答える）
④グループ協議
「提案内容について、各学年で話し合いをしてください。時間は三分です。」※必ず時間を決めること。
⑤全体協議
「話し合ったことを発表してください。」

「出てきた意見に対する賛成、反対意見はありますか。」
⑥まとめ・先生の話
「多数決をとります。Aの考えに賛成の人は・・・。」

「意見をまとめます。最終的に○○することになりました。」

「先生の話を聞きましょう。」
⑦あいさつ
「これで代表委員会を終わります。礼。」

児童集会の進め方及び各学級の学級委員が集まる代表委員会の進め方の例。「児童会ノート」を児童会役員全員に持たせ，このようなシートを貼らせておくとよい。

イベントは児童会を中心としつつ、全員で行う

大きなイベントには学年全員で取り組ませる

1年生を迎える会や6年生を送る会に加え、全校で行う大規模なレクリエーションなど、1年間のうちに、児童会役員が中心となって行うイベントが、どの学校にも少なからずあると思います。こうしたイベントは、自治的な風土を育てる絶好の機会と言えます。子どもたちも楽しみにしている行事ですから、ぜひとも力を入れて取り組ませたいものです。

とはいえ、こうしたイベントを成功させようと思ったら、かなりの労力が必要です。いくら日々鍛えている児童会役員とはいえ、その負担は計り知れないでしょう。

そこで、こうしたイベントには、児童会役員が中心となりつつも、学年全員で取り組ませることをおすすめします。

イベントの内容によっても異なりますが、概ね以下のような流れで取り組ませます。

①児童会役員を中心に学年集会を開き、イベントに関するアイデアを集める。
②イベントを成功させるために必要な仕事を確認し、役割分担する。
（司会進行部、ゲーム企画部、音楽部、飾り部、プレゼント作成部、音楽部など）
③部ごとにリーダーを決め、そのリーダーを中心に準備を進める。
（ときどきリーダー会を開き、仕事の進捗状況を確認する）
④リハーサルを行い、最終チェックを行う。
⑤子ども主体でイベントを実施する。
⑥振り返りを行う。（リーダーがひと言ずつコメントを述べるのがおすすめ）

こうしたイベントを行うたびに思うのが、やはり**全員で力を結集させたときのパワーはとてつもなく大きい**ということです。「みんなで力を合わせるってすごいことだね。感動したよ！」と、イベントが成功したときはもちろん、うまくいかなかったとしても、がんばった子どもたちに、このような肯定的な声かけをしっかり行うようにしましょう。

❸掲示物を充実させる

子どもが進んで動く学級をつくるためには，掲示物を充実させることが大切です。日直スピーチのヒントや掃除の仕方などに関する掲示物は，子どもたちのよく目につく場所に貼り，いつでも参考にできるような環境を整えておきましょう。

また，子どもたちの作品を積極的に貼り替えることも，子どもたちの自己肯定感を高めたり，友だちの作品から学ばせたりするうえで大切です。貼り替えの際，毎回すべてを剥がしていると大変ですし，子どもたちの力ではなかなか難しいと思います。そこで，掲示物の位置を１年間ある程度固定することで，子どもたちに安心して貼り替えを任せることができます。

11
「教室環境」のシステム

システムのポイント

❶何を，どこに，どのように置くのかをルール化する

落ち着いた学級をつくるためには，子どもたちに整理整頓を徹底させることが大切です。年度はじめに，何を，どこに，どのように置くかをルール化します。各自に割り当てられたロッカーだけでなく，空いたロッカーや窓際のフック，ちょっとした収納スペースもうまく活用しながら，すっきりと収納させるようにします。

また，かごやブックスタンドを使った収納もおすすめです。アイテムをうまく使いながら，子どもたちと一緒に，整理整頓を楽しみましょう。

❷細かいグッズやプリントはラベルで整理する

マジックや折り紙，付箋やシールなどは，ラベルをつけたかごの中に入れ，子どもたちがいつでも取り出せるようにします。作文用紙やレポート用紙，学習用のプリントも，ラベルをつけた棚の中に収めれば，子どもたちが目的に応じて自由に選んで学習を進めることができます。

何を、どこに、どのように置くのかをルール化する

アイテムをうまく使ってすっきり収納する

私の経験上、荒れた学級、落ち着きのない学級というのは、大抵の場合、教室の中が散らかっています。ぐちゃぐちゃのロッカー、足下にはゴミ、剥がれた掲示物…。反対に、落ち着いた学級というのは、ほとんどといってよいほど、教室の中が整然と片づけられています。

教室環境というのは、ある意味、そのクラスの現在の状況を表しています。学級を落ち着かせようと思ったら、まずは教室環境をしっかりと整えることが大切です。

年度はじめに行うこととして、まずは、子どもたちの荷物や学習用具を、どこに、どのように置くのかをルール化することがあげられます。

子どもたちが荷物や学習用具を置くスペースは、当然学校によって異なります。一人ひとりに割り当てられたロッカーだけでなく、空いたロッカー、窓際のフック、ちょっとした収納スペースなども活用しながら、まずは何を、どこに置くか、子どもたちに丁寧に説明することから始めましょう。

また、**かごやブックスタンドを使った収納もおすすめ**です。最近では、かごやブックスタンドは、百均などで、安価で購入することができます。年度当初に思い切ってこれらを学級の人数分そろえ、収納に活用します。かごの中に体操服や個人用の給食エプロン、シューズ袋などを入れれば、ロッカーがすっきりします。ブックスタンドを使って教科書やノートを立てて置かせれば、机の中がすっきりし、ゆとりをもって使わせることができます。

いろいろなアイテムを使いながら、ぜひ教室の収納を楽しんでみてください。

細かいグッズやプリントはラベルで整理する

ラベルをつけたかごに整理する

子どもたちが進んで動く学級をつくろうと思ったら、学習や係活動に必要な道具や材料を、いつでも自由に取り出せるような環境を整えておくことが大切です。

私は、マジックや折り紙、シールなどは、ラベルをつけたかごに整理し、子どもたちが必要に応じて自由に使えるようにしています。もちろん、借りたものはきちんと元の場所に返す、次の人のことを考えてかごの中を整えておくことなども、しっかりと指導を行うことが大切です。

プリント類はラベルで分類した棚に保管する

欠席した子に連絡を書くプリント、原稿用紙、レポート用紙、読書カード、自由に使ってよい裏紙などは、ラベルで分類した棚に保管し、子どもがいつでも自由に取り出せるようにします。また、学習用プリント（算数の復習問題や発展問題など）も、問題番号ごとに保管しておけば、授業内容が早く終わった子に自由に問題を解かせることができます。

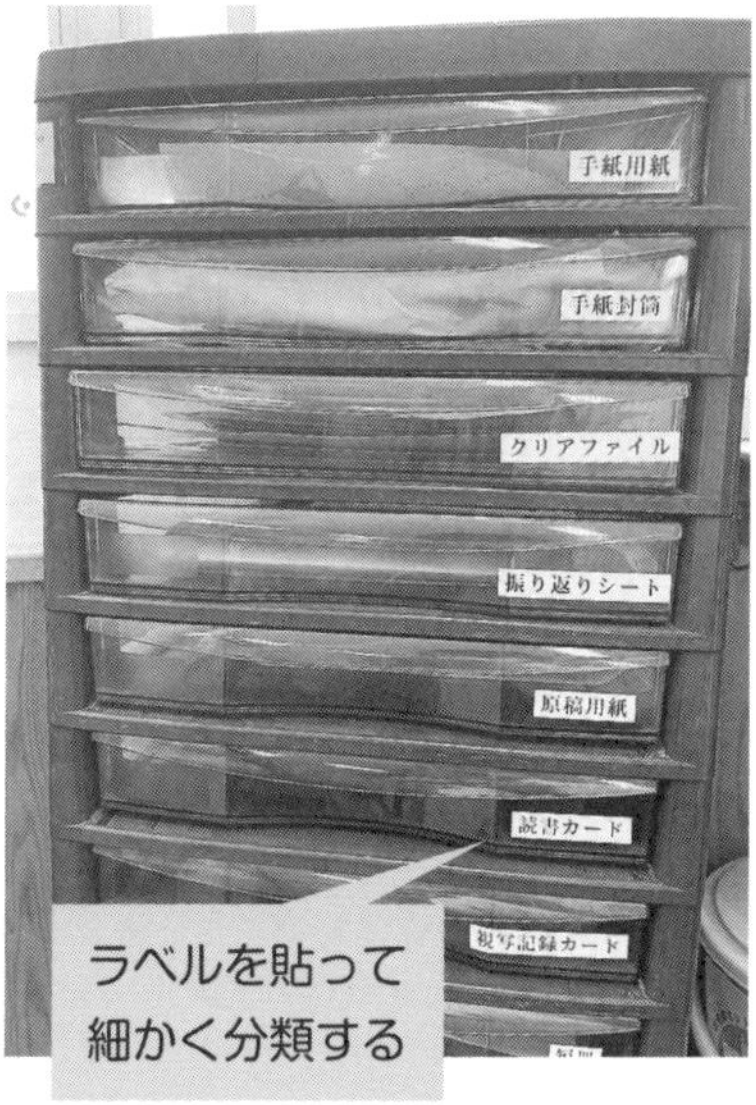
手紙用紙
手紙封筒
クリアファイル
振り返りシート
原稿用紙
読書カード
視写記録カード
ラベルを貼って細かく分類する

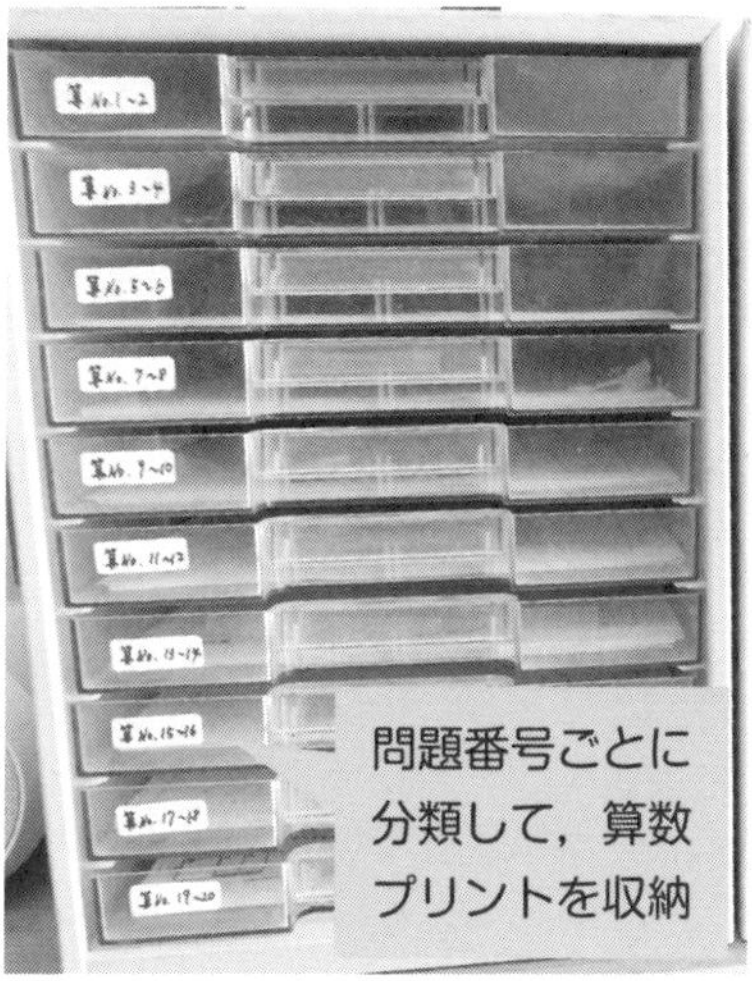
問題番号ごとに分類して，算数プリントを収納

掲示物を充実させる

掲示物は自治的なクラスをつくるうえで欠かせないツール

これまで様々な節で述べてきたように、掲示物は子どもたちの自主的な行動を促す大きな支えとなります。例えば、翌日の日直スピーチで何を話せばよいか迷った場合も、スピーチに関する掲示物が1つあるだけで、大きな助けとなるでしょう。はじめての掃除場所で掃除の仕方がわからない場合も、掃除の手順を示した掲示物があれば、それを見ながら進んで取り組むことができます。

また、自分や友だちの作品が掲示されることで、自己肯定感を高めたり、友だちの作品のよさに気づかせたりすることもできます。

こうした理由から、教室掲示を日々充実させていくことが担任には求められます。

掲示物の位置を固定する

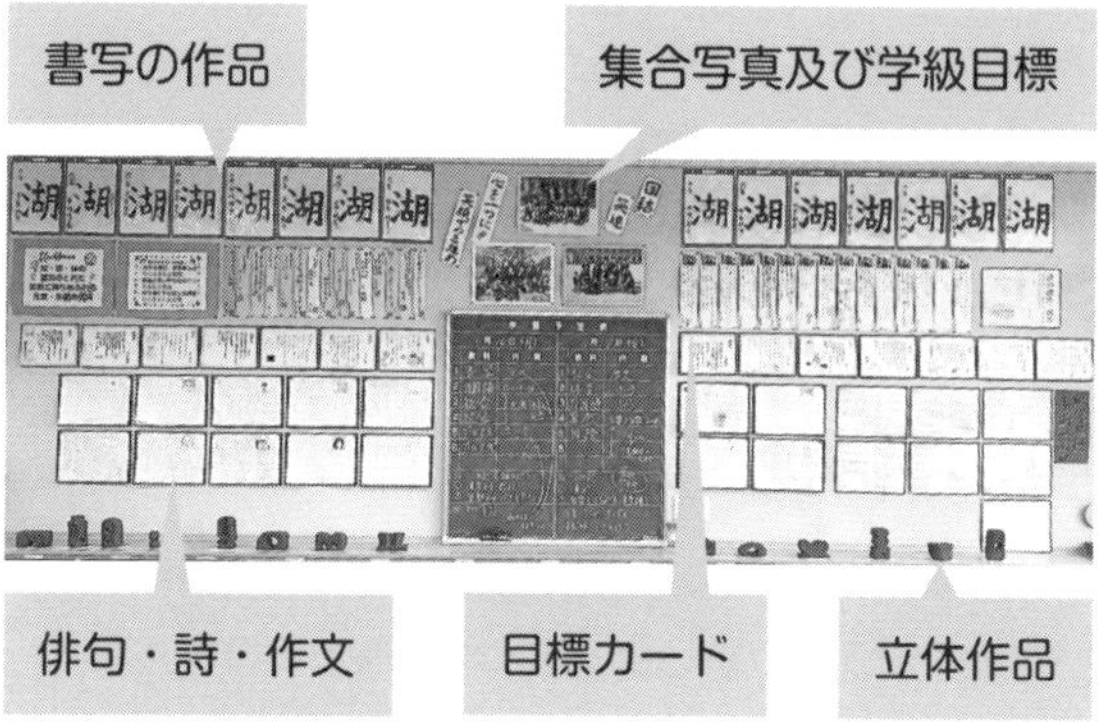
書写の作品
集合写真及び学級目標
俳句・詩・作文
目標カード
立体作品

日々膨大な仕事を抱えている私たち教師にとって、掲示物の貼り替えが大きな負担であることは言うまでもありません。そこでおすすめなのが、1年間掲示物の位置をある程度固定してしまうという方法です。新しい作品ができたら、次々と上から重ねていくイメージです。こうすれば、**子どもたちにも安心して掲示の貼り替えを任せることができます。**

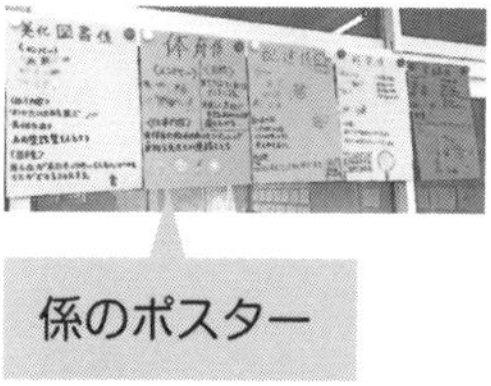
係のポスター

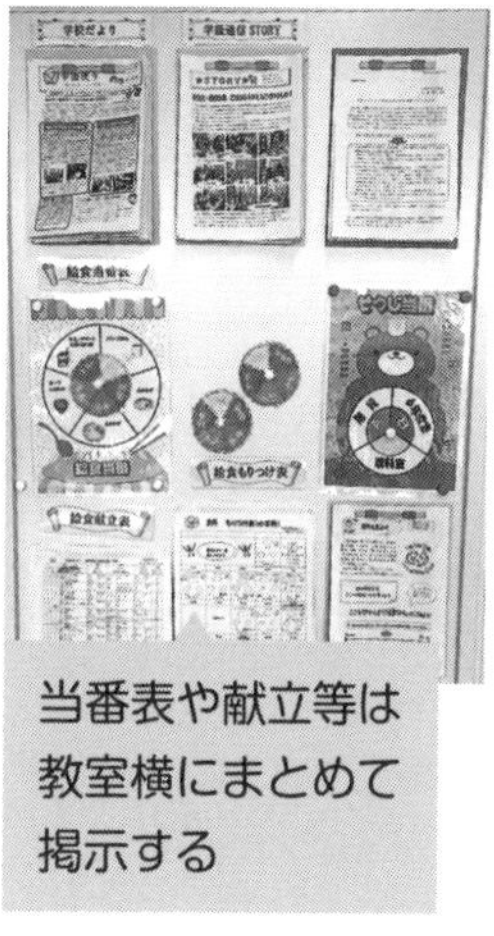
当番表や献立等は
教室横にまとめて
掲示する

つずつ生活を改善していく「一日一改善運動」がおすすめです。その名の通り，１日に１つだけ生活を改善していくという方法です。１日に１つですから，無理なく続けていくことができます。改善すべき内容をカードなどで提示し，完全に改善されるまでは教室に掲示しておくようにしましょう。

❹目標の設定と振り返りで子どもの心に火をつける

「大きな声であいさつをしよう」「くつ箱のくつをきちんとそろえよう」「休み時間は外へ出て遊ぼう」など，月ごとに生活目標を立て，日々その目標が達成できたかどうかを振り返らせることが大切です。

おすすめは「チャレンジボールタワー」。みんなで立てた目標が全員達成できた日には，透明な筒の中に１つずつボールを入れていきます。ボールが20個たまると，全員でレクリエーションをすることにしておきます。

12
「生活指導」のシステム

システムのポイント

❶年度はじめに生活のきまりを確認する

学校によって，細かい生活のきまりが定められていると思います。しかし残念なことに，このきまりを多くの子が知らないという実情があります。年度はじめにしっかりと1時間取り，生活のきまりを確認する場を設けましょう。可能であれば，写真やイラストなどを用いて，わかりやすく説明するようにしましょう。

❷写真を示しながらよりよい生活について考えさせる

トイレのスリッパがそろっていない。ボールなどの用具がきちんと片づけられていない。こうした出来事は日常的に起こるものですが，大切なのは，こうした機会を見逃さず，適切に指導を行うことです。可能であれば，写真を撮って子どもたちに提示し，この状況をどう思うかを話し合わせるようにします。1日のスタートである朝の会に行うのがおすすめです。

❸一日一改善運動でよりよい生活に向かわせる

荒れた学級や生活態度が乱れている学級では，1日に1

年度はじめに生活のきまりを確認する

確認の仕方を工夫する

それぞれの学校に、生活のきまりがあると思います。服装や髪型のきまり、登下校中のきまり、学習用具のきまり…と、たくさんのきまりがあるはずなのに、意外と子どもたちはそのきまりを理解していません。

生徒指導上の問題を未然に防ぐためにも、年度当初に、これらのきまりを教師と子どもたちとで共有しておくことが大切です。その際は、口頭のみで説明してもよいですが、**次ページにあるようなスライドを作成し、一つひとつみんなで確認するのがおすすめ**です。

また、きまりを確認する際、クイズ形式にすると、子どもたちが集中して話を聞きます。なぜそのきまりがあるのかも、子ども自身に考えさせるとよいでしょう。

中にはルールが曖昧なものもあります。その際は、一度職員室にその内容を持ち帰り、管理職や生徒指導主事、他の先生方と確認のうえ、子どもたちに返すようにします。担任独自の判断で、学校のルールを決めることがないようにしましょう。

なお、この生活のきまりは、一覧になったものを全員分印刷し、子どもたちに常に持たせておくことをおすすめします。「これってどうなのかな？」ということがあったら、すぐにそれを見て、自分たちで確認させるようにします。

第5問

ろうかを歩くのは右側？それとも左側？

第12問

筆箱の中に入れるべきもの，
入れてはいけないものはどれ？

えん筆　シャープペンシル
ボールペン　蛍光ペン　赤青えん筆
けしゴム　修正テープ　お金
お菓子　スマートフォン　ふせん
ものさし　カッター

☆いけないものは，どうしていけないのかも考えてみよう！

第16問

職員室に用事があるとき。さて，
どのように入るのが正解でしょうか？

正解

①ノックをしてドアを開ける。
②「失礼します」と言ってから礼をする。
③「○年生の□□です」と名前を言う。
④用件を伝える。
「○○先生に用事があってきました」
「○○教室のかぎを借りにきました」
⑤「失礼しました」と言って礼をして退室する。

生活のきまりの説明の際のスライドの例。クイズ形式で示すのがおすすめ。

写真を示しながらよりよい生活について考えさせる

写真を提示し、どう思うかを問う

トイレのスリッパがそろっていない。雑巾がきちんとかかっていない。廊下を走っている子どもが多い。こうした生活上の問題は、どの学校でも、どの学級でも頻繁に起こるものです。大切なのは、その際、教師がどのような指導を行うかだと思います。

その指導の在り方ですが、教師が一から十まで説明し、厳しい指導を行うよりも、子どもたち自身に「なぜいけないのか」「今後どうするべきなのか」を考えさせる方が、教育的効果は高いと考えます。

おすすめは、**写真を提示して、「これを見てどう思いますか？」と子ども自身に投げかける方法**です。例えば、次のようなやりとりです。

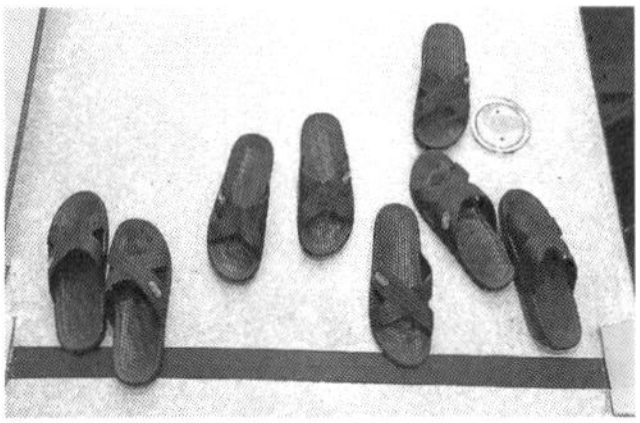

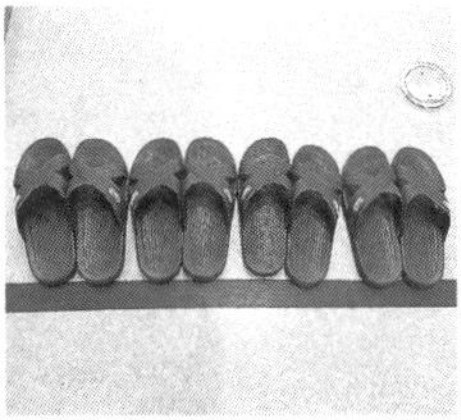

朝の会

教　師　この写真を見て気づいたことや考えたことなどを、1分間、ペアやグループで話し合ってください。

児　童　（ペアやグループで話し合い）

教　師　では、話し合ったことを発表してください。

児童A　トイレのスリッパが散らかっています。

児童B　次に使う人のことを考えていないと思います。

児童C　ぼくかもしれないので、気をつけたいです。

教　師　そうですね。みんなが言ってくれたように…

帰りの会

教　師　さっきトイレに行ったときスリッパを見ました。すると…。

児　童　あっ、きれいにそろってる！

教　師　朝言ったことをすぐ実行してくれてうれしいです。これからもお互いに気をつけて気持ちよく生活していきましょう。

一日一改善運動でよりよい生活に向かわせる

荒れた学級は無理をしない

教師の仕事を続けていると、前学年で荒れた学級を任されることがあります。私も過去にありました。ある程度覚悟はしていましたが、そのときの状況は想像を絶するものでした。あいさつはしない、言葉づかいが悪い、服装はひどく乱れている、宿題は出さない、忘れ物は多い、代わりに学習に関係ないものを持って来る、授業開始のチャイムが鳴っても席に着かない…。もう何から手をつけてよいのやらさっぱりわからない状況でした。

このような学級を受け持った際、一度に何もかもを変えようとして、厳しく子どもたちを叱責すると、間違いなく学級崩壊への道をたどることになります。**そもそも、叱られることばかりが続き、教師への不信感が募っているからこそ、学級は荒れてしまう**のです。

こんなときは、焦らず、1か月もしくは1学期間かけて、少しずつ学級をよくしていこうと割り切って考えることが大切です。その中でおすすめなのが、「一日一改善運動」という取組です。

一日一改善運動（4/10）

「お願いします」
「ありがとうございました」
をきちんと言おう！

一日一改善運動とは、その名の通り、1日に1つのペースで生活を改善していくことです。例えば、その日の目標を「言葉づかいを正す」と決めた場合、朝の会でそのことを伝えます。上に示したようなスライドを使ってわかりやすく説明します。もちろん、なぜ言葉づかいをきちんとしなくてはいけないのかについても丁寧に解説しましょう。

その後は、きちんとした言葉づかいができた子をどんどんほめます。

「おっ、いいね。早速『お願いします』がきちんと言えるようになったね」

「朝言われたことをすぐに行動に移せるなんてすごいよ。みんないい子だね！」

このような声をかけ、全員がその目標を達成できるようにします。

もちろん、**1日で改善しなかった場合、もう1日待ってあげることも大切**です。焦らず、粘り強く取り組む姿勢が教師には求められます。

目標の設定と振り返りで子どもの心に火をつける

毎月生活目標を決めて日々振り返りを行う

児童会を中心に、毎月生活目標が掲げられている学校も多いと思います。例えば、4月の生活目標は「気持ちのよいあいさつをしよう」、5月の生活目標は「外で元気よく遊ぼう」などです。もしこのような取組が行われていなくても、学級で月ごとに生活目標を掲げることをおすすめします。自分たちで生活をよりよくしていこうという、1つのきっかけになるからです。

ただし、目標を定めただけでは意味がありません。本章8節の「『1日のおわり・帰りの会』のシステム」でも取り上げていますが、**帰りの会などで、達成できたかどうかを日々振り返ることが大切**です。

チャレンジボールタワーで子どもの心に火をつける

生活目標に関して、子どもたちをやる気にさせる、とっておきのアイテムがあります。それが、「チャレンジボールタワー」です。

用意するものは、ホームセンター等で購入した透明のパイプ（透明のテーブルマットでも作成可能）と、その中に入るボール（ピンポン玉、カラーボール等）です。

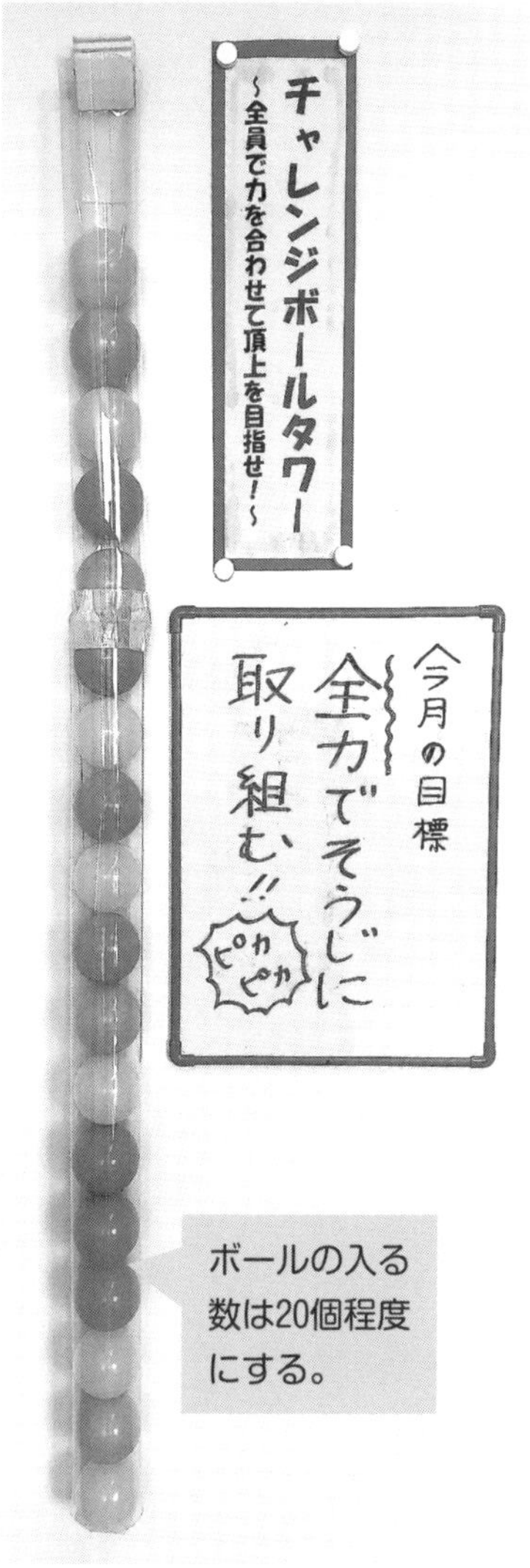

私の学級では、月ごとに生活の目標を立て、その目標が全員達成できた日は、帰りの会でボールを1つずつ投入するようにしています。ボールが目標の数に達したら、学級活動の時間に全員でレクレーションを行う約束になっています。

その月のうちに達成できなくても、ボール自体はそのまま翌月に持ち越し可能です。

また、いくらボールを投入したいからといって、できていないことを「できた」とうそをついてはいけない、また、目標が達成できない友だちがいても、その人を絶対に責めてはいけない、というルールも設けています。生活をよりよくしていくうえでは、自分に正直になること、そして仲間を大切にすることが基本ですから、その点は特に注意を払うようにしています。

なお、このチャレンジボールタワーの準備が難しければ、棒グラフを用意し、1つずつ○をしたりシールを貼ったりするという方法もあります。

みんなで目標を達成できたことを可視化していく。こうした取組も生活をよりよくしていくうえで、欠かせない工夫です。

第2章

子どもが主体的に取り組む
学習のシステム

そかになる時期が必ず訪れます。その際は，「学習準備チェック表」を用いた指導が有効です。

一定期間，鉛筆を削っているか，机の上にきちんと用具を出しているか，自己評価を行わせます。これは１～２週間程度，期間を限定して行うのがよいでしょう。学期に１～２度実施すれば，ほとんどすべての子がきちんと準備できるようになります。

1
「授業のはじめ」のシステム

システムのポイント

❶授業開始前の学習準備の在り方を示す

学級の全員が，授業開始のチャイムが鳴るまでにきちんと席に着いて，学習用具を準備しておくシステムを構築しましょう。ポイントは，机の上をどういう状態にしておくべきか，写真を使って視覚的に示すことです。システムが定着するまでは，常に子どもたちがよく見える位置に写真を掲示しておきましょう。

❷教科別メニューで進んで学習に取り組ませる

極力ないようにしたいものですが，どうしても急な用事で授業開始時に教室に行くのが遅くなることがあります。そういった場合も，国語であれば音読練習をする，音楽であればリコーダー練習をする，体育であればサーキットトレーニングをするなど，教科ごとに何をして待つかを決めておけば，自分たちで進んで学習に取り組ませることができます。

❸「学習準備チェック表」で自己評価させる

4月当初はきちんとできていた学習準備が，次第におろ

授業開始前の学習準備の在り方を示す

写真を使って視覚的に示す

自治的なクラスかどうかは、授業前の子どもたちの机の上を見るとすぐにわかります。自治的なクラスの子どもたちの机の上は、授業に必要なもの（教科書、ノート、筆記用具など）が整然と並べられているのに対し、そうでないクラスは、何も出ていないどころか、前の時間の学習用具が出しっぱなしになっていることさえあります。これは自動的に子どもたちに身につくものではありません。授業開始前の学習準備のシステムを整えることが大切です。

まずは、授業が始まるまでにどのような準備をしておくべきか、４月の段階で確実に伝えるようにしましょう。

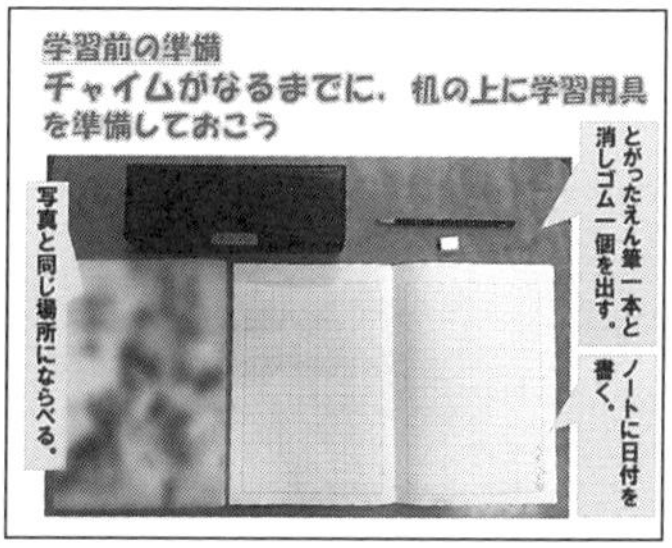
学習前の準備
チャイムがなるまでに，机の上に学習用具を準備しておこう
とがったえん筆一本と消しゴム一個を出す。
ノートに日付を書く。
写真と同じ場所にならべる。

その際、上のような写真を示しながら、どの子も視覚的に理解できるようにするのがポイントです。細かいようですが、教科書やノート、筆記用具の位置まで決めておくことをおすすめします。ノートに日付を書くことまで指導しておけば、かなりスムーズに授業が始められます。

これらの写真は、全員に学習準備が定着するまでの間、教室の見えやすい位置に掲示しておきましょう。

このような授業前の約束を子どもたちと取り決めると、必ず多くの子がその通りに準備を行おうとします。大切なのはその瞬間を見逃さず、子どもたちをほめ続けることです。

「○○くん、すごいね。チャイムが鳴る前から机の上が整っているね」

「○○さんは、もうノートに日付を書いているね。どんどん勉強が進みそうだね」

学習準備を定着させることは、時間通り授業が開始されるというメリットもありますが、それ以上に、**だれかがほめられることで、温かい雰囲気で授業が始められるというよさ**があります。どんな授業でも笑顔を絶やさない雰囲気づくりに努めたいものです。

教科別メニューで進んで学習に取り組ませる

教科ごとに何をするか決めておく

教師として授業開始に遅れるのはあってはならないことだと思いますが、どうしても急な来客や体調を崩した子のケアなどで、教室に行くのが遅れることがあります。そのような場合でも、自分たちで進んで学習をスタートできるように、教科ごとにメニュー（内容）を決めておくことをおすすめします。

例えば、国語であれば音読練習をする、音楽であればリコーダー練習をする、体育であればサーキットトレーニングをする、などです。教室の授業であれば、一律して読書をして待つというルールを決めてもよいかもしれません。

私の場合は、以下のように活動内容を指示しています。

国語………音読練習（どの教材でもよい）または読書
社会………地図帳や資料集を読む（友だちとクイズを出し合うのも可）
算数………前の時間の復習（計算練習・作図など）
理科………教科書を読む（友だちとクイズを出し合うのも可）
音楽………リコーダー練習（好きな曲でよい）
図画工作…ノートにスケッチ（何をかいてもよい）
体育………サーキットトレーニングまたはなわとび
外国語……アルファベットを書く練習をする、友だちと英語で会話する　など

このように、教科ごとに内容を決めておけば、万が一教師が教室に行くのが遅れても、子どもたちが困ったり騒いだりすることがありません。また、**教科係（第1章6節参照）を決めている学級であれば、係が学習内容を指示する、他の人は係の指示に従って行動する、というルールを設けてもよい**かもしれません。

遅れた際に、教師がいなくても自治的に学習が進んでいた場合は、「ありがとう。みんなのおかげで助かったよ」と、しっかり感謝の気持ちを伝えるようにしましょう。

体育はサーキットトレーニングまたはなわとびがおすすめ

体育の授業は着替えが伴うため、どうしても全員がそろうまでに時間差が生まれます。そのため、特に寒い時期は、早く集まった子がぶるぶると震えながら待つ、ということにもなりかねません。

そこでおすすめなのが、運動場に出た子からすぐに軽い運動に取り組ませるという方法です。運動場の場合は、次ページに示したようなサーキットトレーニングを行わせます。鉄棒や立ち幅跳び、タイヤ跳び、ダッシュなど、いろいろな運動を取り入れるようにします。体育館の場合は、なわとびの練習を行わせます。タイミングを見て集合をかけ、号令という流れです。

年度はじめの体育で、一つひとつの運動について説明する時間を取ります。システムができ上がれば、子どもたちが進んで運動に取り組むようになります。

なお、**暑さの厳しい時期には、熱中症予防の観点から実施を見合わせたり、メニューを変更したりする方がよい**でしょう。子どもたちにメニューを考えさせる取組もおすすめです。

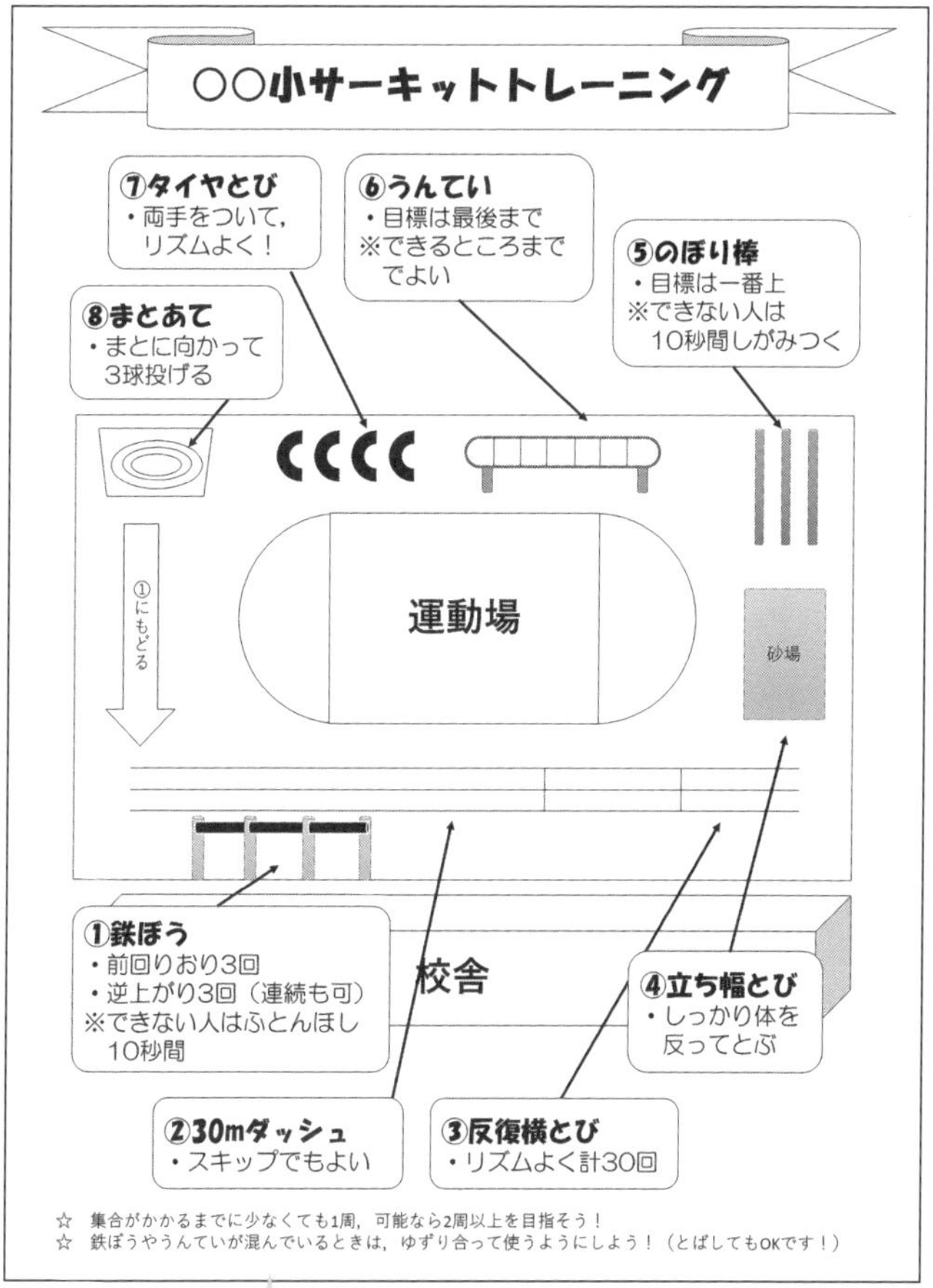
○○小サーキットトレーニング
⑦タイヤとび
・両手をついて，リズムよく！
⑥うんてい
・目標は最後まで
※できるところまででよい
⑤のぼり棒
・目標は一番上
※できない人は10秒間しがみつく
⑧まとあて
・まとに向かって3球投げる
①にもどる
運動場
砂場
①鉄ぼう
・前回りおり3回
・逆上がり3回（連続も可）
※できない人はふとんほし10秒間
校舎
④立ち幅とび
・しっかり体を反ってとぶ
②30mダッシュ
・スキップでもよい
③反復横とび
・リズムよく計30回
☆ 集合がかかるまでに少なくても1周，可能なら2周以上を目指そう！
☆ 鉄ぼうやうんていが混んでいるときは，ゆずり合って使うようにしよう！（とばしてもOKです！）

サーキットトレーニングの例。このカードを子どもたちに配付し，自主的に取り組ませる。

「学習準備チェック表」で自己評価させる

学習準備がおろそかになってきたタイミングで

4月には当たり前のようにできていた学習準備が、学期の中頃になると、次第におろそかになってくることがあります。鉛筆が削れていなかったり、授業開始時に机の上が散らかっていたり。もちろんそうならないように、常日頃から気をつけて指導をしたいところですが、どうしてもクラスの状態というのは浮き沈みがあるものです。

その際、注意ばかりしているとクラスの雰囲気も悪くなりますし、何より自治的なクラスづくりの観点からも望ましい指導とは言えません。

そこでおすすめなのが、「学習準備チェック表」を用いて自己評価させるという方法です。

学習準備チェック表

		6/1（月）	6/2（火）	6/3（水）	6/4（木）	6/5（金）
家での準備	①次の日の時間割を確かめて，教科書やノートなどを準備した。					
	②えん筆（5本）と赤えん筆をすべてけずった。					
	③下じきがあることを，きちんと確認した。					
学校での準備	④チャイムがなるまでに，教科書・ノート・筆記用具を机の上にならべた。					
	⑤チャイムがなるまでに，ノートに日付を書いた。					
	⑥チャイムがなるまでにきちんと席に着き，静かに自習を始めた。					
	自分のサイン					
	先生のサイン					

一週間の反省

先生から

このようなシートを作成し、1週間継続して取り組ませます。シートを書くのは、帰りの会の時間などを利用するとよいでしょう。進んでできたときには◎、だれかに言われてからできたときには○、できなかったときには△をつけさせ、すべてに◎がつくことを目指します。

このシートは確かに効果がありますが、学期中ずっと継続的に行うとマンネリ化してくる恐れがあるので、**学期に1〜2度、期間は1週間程度でよい**と思います。

最後は振り返りを書かせ、できた子には肯定的評価を、できなかった子にはしっかりと助言を行うようにしましょう。

っかりとした指導を行います。話し方に関しては，みんなに聞こえる声で話す，できるだけみんなの方を向いて話す，などがあげられます。黒板に書きながら話す（説明する）ということにもどんどん挑戦させていきましょう。聞き方については，話している人の方を向いて聞く，メモを取りながら聞く，など，発達段階に応じた指導が求められます。

❹「つなぎ言葉」をクラスの財産にしていく

「つけ足しがあります」「反対意見があります」「○○くんの意見をわかりやすく言い換えます」。発言する際，こうした「つなぎ言葉」を積極的に使わせると，話し合い活動が一層充実します。この「つなぎ言葉」に関しては，「○○くんの言い方はすばらしいね。みんなもぜひ使ってみよう」というように，日々授業を行う中で子どもたちから生まれたものを，みんなの財産として共有していくことをおすすめします。

2
「学習規律」のシステム

システムのポイント

❶授業開始時刻になったら即号令をかけさせる

学習規律の基本は，時間を守ること。日直には，授業開始の時刻になったら，即号令をかけさせましょう。4月当初にこのことを徹底しておくことが大切です。

また，号令はよい姿勢で元気よく。最初の授業で，号令のかけ方の練習を何度か行います。毎時間，引き締まった雰囲気で授業を始められるようにしましょう。

❷座り方や立ち方，鉛筆の持ち方などを指導する

年度当初に，椅子に座るときの姿勢，立つときの姿勢，鉛筆の正しい持ち方などを丁寧に指導します。これは1年生だけに限らず，どの学年でも毎年行うことが大切です。写真やイラストなどを示しながら，わかりやすく説明していきましょう。「型」を示した後は，ひたすら子どもたちをほめ続けること。ほめることで，姿勢を正して授業を受けようという風土が学級に根づいていきます。

❸話し方や聞き方を指導する

話し方や聞き方についても，できるだけ早い段階で，し

授業開始時刻になったら即号令をかけさせる

学習規律の基本は時間を守ること

前節で、授業が始まる前の動き方を指導しておくことの重要性について述べました。このシステムを整えたうえで、授業開始のチャイムが鳴ると、日直に即号令をかけるように指示します。

発言の仕方や話の聞き方、座り方、立ち方、ノートの書き方など、ひと口に「学習規律」といっても、その内容は多岐にわたります。その中でも、すべての基本となるのが、時間を守ることだと考えます。**「先生は絶対に時間を無駄にしない」ということを子どもたちに強く意識づけておくとよい**でしょう。もちろん授業のおわりも同様です。時間通り授業を始めるのであれば、時間通り授業を終えることも徹底すべきだと考えます。

元気のよい号令で授業をスタートさせる

号令の仕方には、これといったきまりはありませんが、概ね次のような流れで行うとよいでしょう。

日　直　起立。気をつけ。これから○時間目の○○の授業を始めます。
子ども　はい。
日　直　礼。
子ども　お願いします。（先言後礼）
日　直　着席。

もちろん、この通りでなくてもかまいません。大切なのは、元気よく、また引き締まった雰囲気で号令が行われるということです。

私の場合、**1年間の最初の授業では、この号令を何度か練習させます**。「姿勢がすばらしい！　もう少し返事の声が大きければ100点だよ！」と励ましながら、何度も取り組ませます。初日から、あっという間に引き締まった雰囲気が生まれます。

座り方や立ち方、鉛筆の持ち方などを指導する

写真やイラストを示しながら丁寧に指導する

子どもたちに「姿勢を正しなさい」と注意する前に、姿勢を正すということはどうすることなのか、丁寧に説明することが先決でしょう。

例えば、座り方1つにしても、「足の裏を床につける」「背筋をまっすぐ伸ばす」「片肘をつかない」など、細かいポイントがいくつもあります。立ち方にしても、椅子を入れるのか入れないのか、机の正面に立つのか横に立つのかなど、**教師自身がはっきりと決めたうえで、写真やイラストを示しながらわかりやすく指導を行うことが大切**です。

その後は、進んで実践しようとしている子を見つけてほめ続けましょう。「○○さんの座り方がいいね」「○○くん、いい立ち方だね」。これで、ほぼ学習規律は定着します。

定期的に予告写真撮影会を行う

　学習規律を一層定着させるために、定期的に予告写真撮影会を行う取組もおすすめです。方法はまず、子どもたちに写真を撮影することを予告することから始めます。

教　師　今日は授業を進めながら、みんなの鉛筆の持ち方を一人ひとり写真撮影していこうと思います。

子ども　え～。

子ども　いやだ～。

教　師　みんなちゃんとできているはずだから大丈夫ですよ。では撮って回りますね。

　子どもたちは、撮られるという意識から、いつも以上に気をつけようと努めます。撮影した写真は、電子黒板などに映しながら、「あっ、○○くんの鉛筆の持ち方いいね」とほめることを中心にコメントしていきます。

　もちろん毎時間は無理ですが、視写や音読など、子どもたちのやることがはっきりしている授業などでおすすめです。**抜き打ちで撮影するのではなく、きちんと子どもたちに予告したうえで行うのがポイント**です。

話し方や聞き方を指導する

発達段階に応じた指導を心がける

授業の中で多くの割合を占めるのが、話し合い活動です。そのため、話し方や聞き方を細かく指導している先生も多いと思いますが、大切なのは、発達段階に応じた指導を行うことだと考えます。

例えば、学習入門期の低学年では、指名されたら返事をしてきちんと立って話す、話している人の方を向いて聞くといった指導が必要でしょう。話し方のモデル（話型）を示すのも有効だと考えます。一方で、学年が上がると、話型に縛られずに自分の言葉で友だちを説得するように話す、ノートにメモを取りながら聞くといった姿勢が求められます。

すべて一律にするのではなく、発達段階に応じて指導を変えていくことが大切です。

学習入門期の低学年では「型」を徹底させる

先述のように、学習入門期の低学年では、「型」を徹底させることに力を注ぎます。例えば、以下のような内容です。

話し方

・指名されたら「はい」と返事をする。
・その場にまっすぐ立って発言する。
・みんなの方を向いて、みんなに聞こえる大きさの声で話す。
・最後（文末）まできちんと話す。（…です。…だと思います。）

聞き方

・だれかが話し始めたら、その人の方に体を向けて聞く。
・うなずきながら聞く。

こうした話し方や聞き方ができたときは、しっかりとその子をほめてあげましょう。**ほめることで、どんどん学習規律を定着させていきます**。

学年が上がるにつれて、よりレベルの高い話し方・聞き方を指導する

学年が上がってきたら、より高いレベルの話し方・聞き方を指導していきましょう。例えば、次のような内容です。

話し方

・相手を説得するように話す。（…だと思います。なぜなら…）
・友だちの考えとの違いを明確にしながら話す。（○○くんは…と言いましたが…）
・黒板に書きながら説明する。
・図を友だちに示しながら、身振り手振りを加えて話す。

聞き方

・友だちの考えをノートにメモしながら聞く。
・賛成か、反対かという視点をもって友だちの考えを聞く。

何年生になったらこうするという明確なきまりはありませんが、基本的な「型」が身についてきたら、早い段階で次のステップに向かわせるようにします。

子どもたちの中から生まれたものがより早く定着する

話し方や聞き方に関する学習規律については、教師から一方的に示して指導する方法もありますが、見本となる子どもの姿を見つけて、ほめながら、学級全体に広げていく方がより早く定着します。

例えば、以前担任していたクラスでは、黒板に書きながら説明することが学級文化として根づいていませんでした。すべてを黒板に書き終わってからようやく説明を始めるので、長い沈黙が続き、聞く方も間延びしてしまうという状態でした。

あるとき、算数の時間にたまたま計算式を書きながら説明する子が現れました。私は、「今がチャンス！」と思い、「今の○○くんの説明の仕方によかった点があるよ。みんな気がついたかな？」と問いました。子どもたちから「○○くんは黒板に書くのと同時に話していました」「ときどきみんなの方に顔を向けていました」といった意見が出たので、この説明の仕方を**「○○くん方式」とネーミングしました**。すると、次の時間から、黒板に書きながら、またみんなの反応をうかがいながら説明する子が増えていきました。

このように、学習規律を学級全体の財産として共有していくことが大切です。

「つなぎ言葉」をクラスの財産にしていく

「つなぎ言葉」を推奨する

教師や友だちが話しているときにひと言もしゃべらない。発言を求められた際は全員が黙って手をあげる。一見すると学習規律が整っているようにも見受けられますが、これはこれで問題があると思います。

もちろん、授業にまったく関係のないおしゃべりをしたり、友だちの意見を茶化したりといった言動に対しては厳しく指導していく必要がありますが、何かを発見したり、友だちの意見に納得しないときなどに生まれる、「あっ！」「もしかして…」「そうかなぁ」「なんで？」などの子どもらしいつぶやきは、ぜひとも大切にしたいものです。

また、「つなぎ言葉」を使って発言させることも話し合いを進めるうえで効果的です。

「つなぎ言葉」には、次のようなものがあります。

・「つけ足します」……直前に発言した子の意見を補足する。
・「理由がわかります」……直前に発言した子の意見の理由を説明する。
・「他にもあります」……他の意見を述べる。
・「反対意見があります」…直前に発言した子に反論する。
・「詳しく説明します」……直前に発言した子の内容を詳しく解説する。
・「質問があります」……教師や友だちの説明・意見に質問する。
・「まとめます」…………これまでに出てきた意見をまとめる。
・「前に出て説明します」…黒板や電子黒板を使って説明する。
など

なお、これも前節同様、教師が一方的に示すよりも、「今の○○くんの発表前のひと言、すごくいいね。みんなも使ってみよう」とほめながら、学級の財産として少しずつ共有していく方がよいと思います。**学級文化として根づくまで、短冊などに書いて教室に掲示しておく方法もおすすめ**です。

❹思考ツールを使ったノートづくりで深い学びを生み出す

まっすぐに文字を書くだけがノートではありません。ウェビングや表，チャート図などの思考ツールを活用しながら，自分だけのオリジナルノートをつくらせるようにしましょう。図化することで，いっそう学びを深めることができます。

❺お互いのノートを見合う場を設ける

ノート展覧会やノート掲示を定期的に行い，お互いのノートを見合う場を意図的に設けます。友だちのノートのよさを自分のノートづくりに生かすことができますし，何より，だれかに見てもらうということで，子どもたちは一生懸命になって，よりよいノートづくりを目指すようになります。

3
「ノート指導」のシステム

システムのポイント

❶ノートにページ番号を書かせる

ノートを大切にする子を育てようと思ったら，自分のノートに愛着をもたせることが何より大切です。そのための取組として，ノートにページ番号を打たせることをおすすめします。子どもがノートを破ることがなくなりますし，ノートをたくさん使って勉強することへの意欲が高まります。

❷ノートづくりの基本的なルールを設ける

日付を書く，学習課題を書くなど，ノートづくりの基本的なルールを設け，年度はじめの授業で丁寧に指導します。慣れるまでは細かく指示し，全員に徹底させることが大切です。

❸資料を使ったノートづくりで深い学びを生み出す

授業で使う資料は１人ずつ配付し，ノートに貼らせたうえで自分の考えを書き込ませるようにします。ワークシートの多用はできるだけ避けましょう。

ノートにページ番号を書かせる

ページ番号を書くことの効果

よりよい授業を行おうと思ったら、まずは子どもたちに対し、的確なノート指導を行う必要があります。そのノート指導を行ううえで最も大切なのが、**子どもたちに自分のノートに愛着をもたせ、大切にしようという意識を高めること**です。そのための有効な手段の1つが、年度はじめにノートにページ番号を書かせるという方法です。

ノートを忘れたときに別のノートを破ったり、ページを平気で飛ばしたりする子は、どの教室にも多く見られるものです。ノートにページ番号を書かせておけば、この問題はほぼ間違いなく改善されます。また、少しでも多くのページを使おうという意識が高まり、日々の授業にも熱心に取り組むようになります。

年度当初、新しいノートを使う前に、少し時間を取り、すべてのページに番号を打たせます。ページ番号を打つ位置はどこでもよいですが、私は、ページの下側中央に書かせるようにしています。**2冊目に移った場合は、続きの番号を書かせるようにします。**ときどき授業の中で、「何ページまで使ったかな？」と話題に取り上げてもよいでしょう。

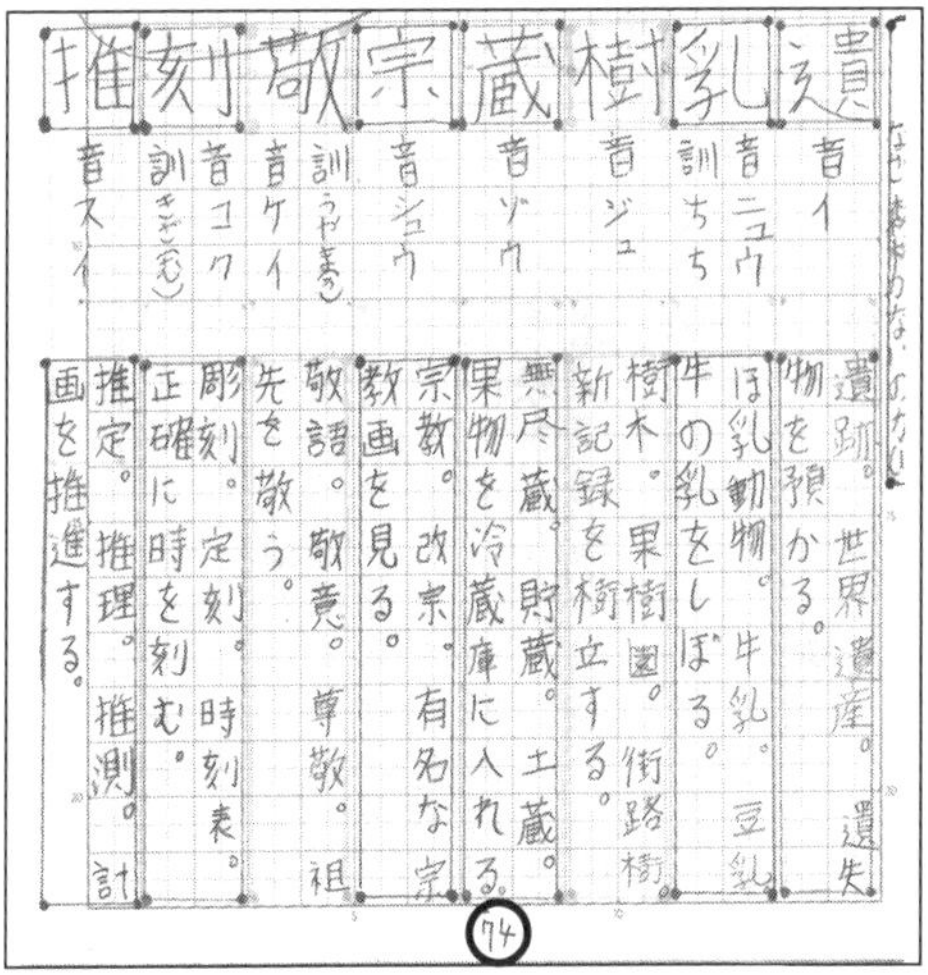

日々の授業ノートでももちろん有効ですが、自主学習ノートなどにもページ番号を打たせると、さらに効果的です。学期おわりや年度おわりに、だれが一番たくさん書いたか、だれが一番進んで自主学習に取り組んだかを集計し、表彰しましょう。いっそう学習意欲を高めることができます。なお、子どもがノートを忘れてしまったときは、別の用紙を渡して、自宅で書き写させたり、次回その用紙を授業ノートに貼らせたりしています。いずれにしても、ノートは絶対に破らせないというのが大原則です。

ノートづくりの基本的なルールを設ける

最初の授業でノートの基本的な使い方を指導する

子どもたちのノートが雑になってしまう。もっと丁寧で美しいノートを書かせたい。このような悩みや思いを抱えておられる先生は多いと思います。

ノートというのは、基本的には子どもの自由な構想・アイデアでつくらせたいものですが、やはり最低限のルールは必要です。例えば、必ず日付を書く、線は定規を使ってまっすぐ引くなどのルールがあるでしょう。これらのルールを早い段階で子どもたちに徹底しておくことが大切です。

基本となるルールを押さえたうえで、子どもたちがそれぞれに工夫を行っていくのが理想的な形と言えます。

私は次のようなルールを設け、全員に守らせています。

・姿勢よく書く　・下敷きを必ず使う
・日付を書く　・学習のめあてを書く
・線は定規でまっすぐに引く　・赤青鉛筆（ボールペン）を適度に使う
・ノートはゆったりと使う

最初のうちは、「足を地面につけましょう」「1行目に日付を書きましょう」「1マス分空けましょう」「線を定規で引きましょう」というように、指示を細かく出すようにします。

時折、「全員のノートを見て回ります」「隣同士で先生の言った通り書けたかどうか確認しましょう」と、確認の時間も設けるようにして、ルールの徹底を図ります。

厳しいようにも思えますが、指示通り書けていない子にはやり直しをさせることも時には必要です。これらのルールが全体に定着していけば、少しずつ指示を減らし、今度はできたことをしっかりとほめるようにします。

資料を使ったノートづくりで深い学びを生み出す

ワークシートの多用はNG

教師は黒板にチョークで、子どもはノートに鉛筆で書くというのがノートづくりの基本です。算数の問題なども、できる限り子ども自身にノートに書かせる方がよいでしょう。ただし、授業内容によっては、資料を事前に用意し、配付した方が効率的なこともあります。その際、ワークシートを作成するのも1つの方法ですが、それだけだとプリントが増えて扱いが煩雑になりますし、何よりノートづくりの腕が向上しません。**資料そのものをノートに貼らせ、その資料に自由に書き込ませる方が得策**と言えます。

資料はノートのどこに貼らせるかも想定のうえ、大きさを考えて作成します。ノートからはみ出さないように貼らせるのがポイントです。

例えば、次の算数のノート例を見てください。事前に図を用意してノートに貼らせ、自分の考えを自由に書き込ませました。

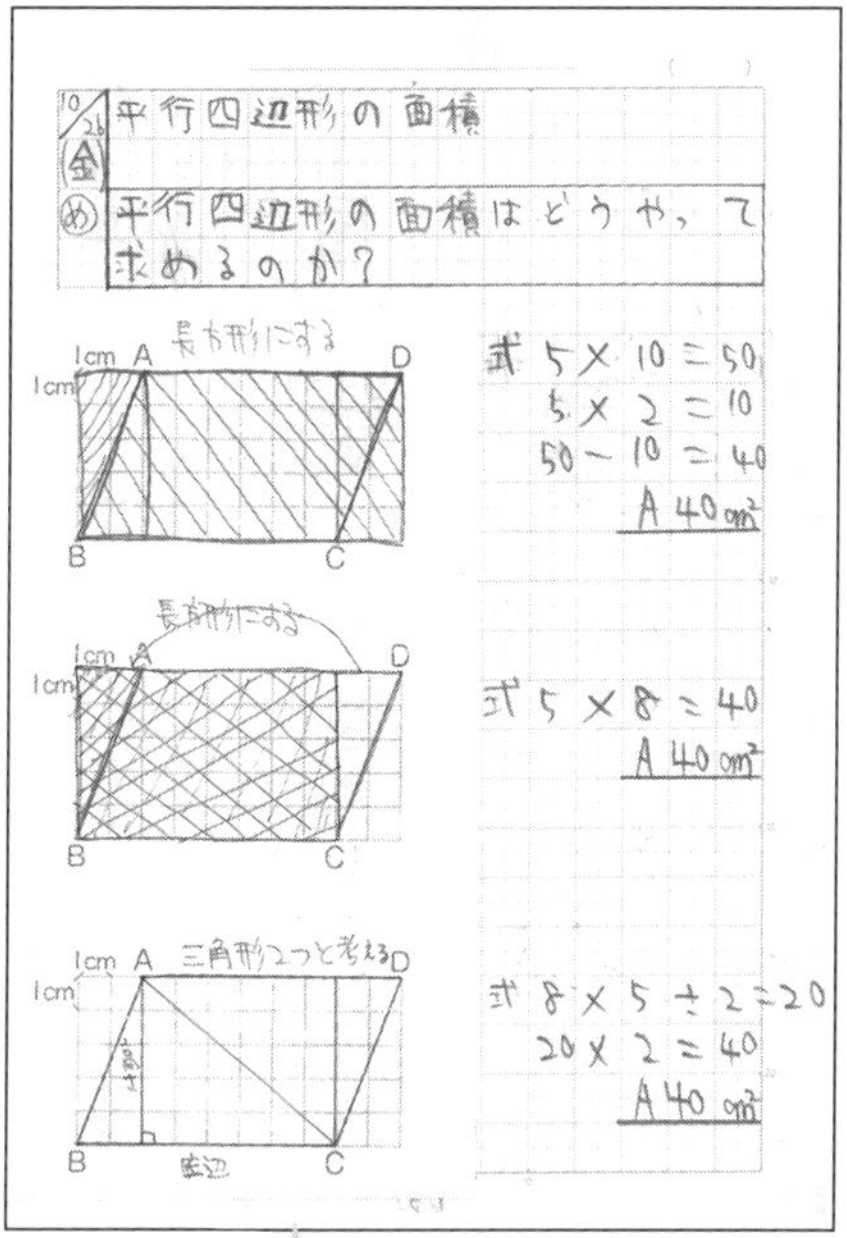

本時の場合は，マス目の入った図形のみを子どもたちに配付し，その図形をノートに貼らせたうえで，自由に自分の考えを書き込ませる。資料はノートからはみ出さないように貼らせるのがポイント。

資料をノートの一部として活用する方法は、どの授業でも使えます。国語では文章を、算数では図を、社会や理科では写真や図、グラフなどを貼らせながら、子どもたちと一緒によりよいノートづくりを目指してみてください。

思考ツールを使ったノートづくりで深い学びを生み出す

いろいろな思考ツールでダイナミックなノートづくりを

一般的に、子どものノートというと、文章による記述が中心になると思います。もちろんそれも大切なことですが、より深い思考を生み出すためには、思考ツールを使ったノートづくりを行わせるのも効果的です。

例えば、何かアイデアを出させる場合、思いついたことを箇条書きさせていく方法もありますが、次ページのノート例のようにイメージマップを使ってアイデアを広げさせると、いっそう思考を深めることができます。

こうしたツールを使ったノートづくりを継続していけば、**子どもが次第にダイナミックにノートを使うようになっていきます。**

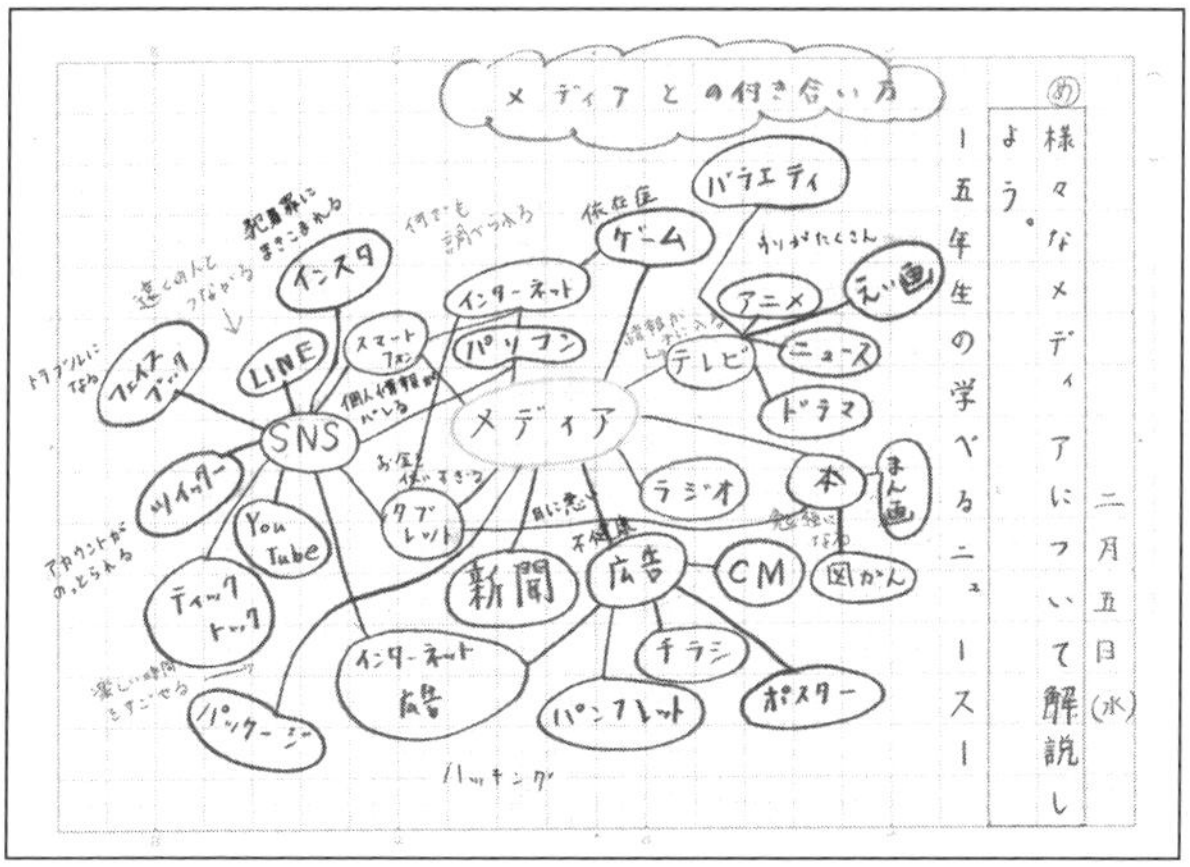

思考ツールを使ったノートづくりの例をいくつか紹介します。

イメージマップ

アイデアを広げるときに有効です。国語や道徳、総合的な学習の時間のノートづくりに便利なツールです。

チャート図

様々な事例を整理したり、観点に沿ってアイデアを広げたりするときに有効です。

表

複数の事象を比較したり整理したりするときに有効です。表そのものを配ることも考えられますが、かき方を指示して、子ども自身にノートに表をつくらせる方が効果的です。

お互いのノートを見合う場を設ける

ノート展覧会、ノート掲示がおすすめ

ノートづくりへの意欲を高めるためには、教師による肯定的な評価が大切ですが、子ども同士による評価も非常に効果的です。

私のクラスでは、「ノート展覧会」といって、お互いのノートを見合う時間を頻繁に設けるようにしています。ノート展覧会を行うタイミングは、授業前（前時のノートを見合う）、授業中（途中段階を見合う）、授業後（その1時間のノートを見合う）など、様々です。

ノート展覧会を行う際は、ただ漠然とノートを眺めさせるのではなく、「一番ノートがきれいだなと思う人を探そう」「自分のノートづくりに参考にしたい人を見つけよう」な

どの指示を事前にしておくことが大切です。こうすることで、子どもたちは明確な視点をもって友だちのノートを見るようになります。また、展覧会の後に、自分が一番参考にしたいと思った人に投票させてもよいでしょう。

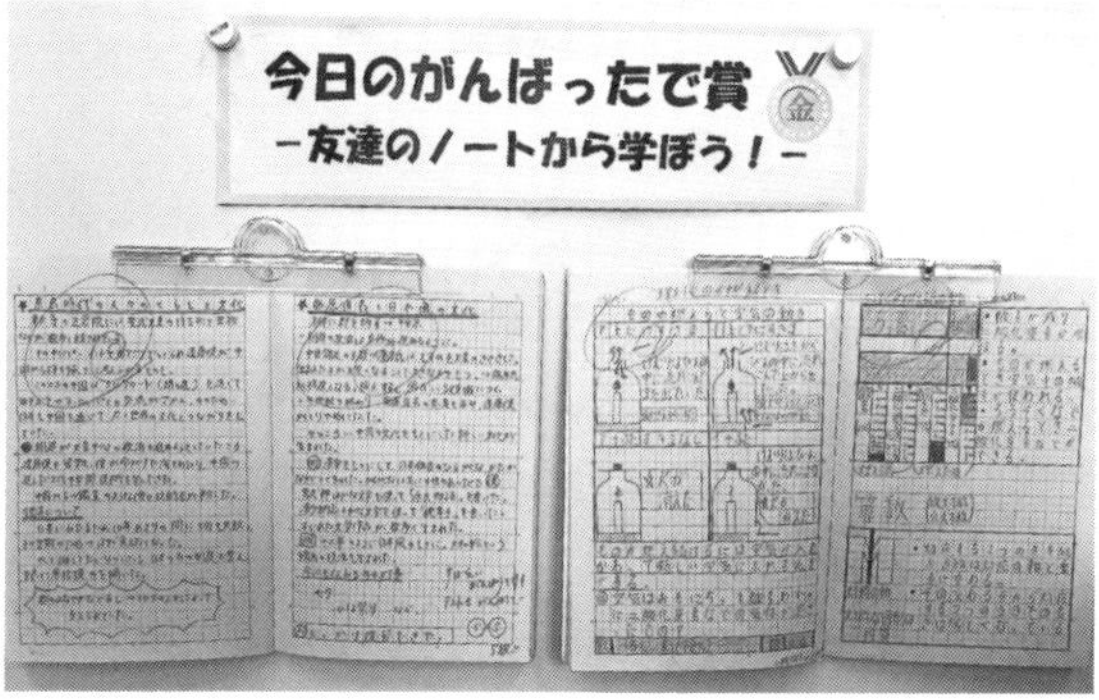

気をつけなければいけないのは、雑なところや誤字脱字など、マイナス面に子どもの意識が向かないようにすることです。**あくまでもよいところを探すという意識をもたせるようにしましょう**。

なお、私の学級では、よりよいノート、他の子にも参考にしてほしいノートがあった場合、上の写真のように、すぐさまマグネットクリップを使って教室内に掲示するようにしています。マグネットクリップは、コピーの必要もなく、即座に掲示できるので大変便利です。

子どもたちは、友だちに見られるという意識から、自然とノートを丁寧に、かつ工夫して書くようになっていきます。

アを集めさせたり表現の仕方のモデルを示したりお互いに鑑賞し合う場を設けたりすることで，全員の作品を完成へ向かわせることができます。

❹テストのシステムを整える

テストの行い方にもシステムは必要です。小テスト（漢字テスト・計算テスト等）をこまめに行い，確実に子どもの学力を高めていきましょう。単元末テストや学期末テストは，プレテストを取り入れるだけで，テストの平均点がぐっと上がります。

4

「学習活動」のシステム

システムのポイント

❶話し合い活動のシステムを整える

日々の授業の中で，多くの割合を占めるのが話し合い活動です。この話し合い活動を成功させるポイントとして，個から全体へと向かう学習展開，指名の仕方，ネームプレートの活用などがあげられます。これらのシステムを教師自身が確立させれば，どんどん子どもたちの力で話し合いが進むようになります。

❷個別学習のシステムを整える

計算練習やテスト前の総復習など，子どもたちの知識・技能を習熟するうえで，個別学習は欠かせません。問題のチェックの仕方を工夫したり早く終わった子をミニティーチャーとして活躍させたりすることで，一人ひとりに確実に力をつけていくことができます。

❸表現・創作活動のシステムを整える

国語の作文やスピーチ活動，図画工作の作品づくりなど，子どもたちがそれぞれのアイデアで表現したり創作したりする学習活動があると思います。その際は，全員でアイデ

話し合い活動のシステムを整える

個人→ペアやグループ→全体という流れをつくる

学習活動の中で、多くの割合を占めるのが話し合い活動です。特に近年は、様々な教科・領域で問題解決型学習が重視されていることもあり、早い段階でこの話し合い活動のシステムを学級に根づかせることをおすすめします。

話し合い活動を成功させるポイントとして、個人で考えたことをすぐさま発言させるのではなく、「少し近くの人と意見を交換してごらん」と展開し、ペアやグループ（班）でいったん協議する時間を設けることがあげられます。

グループ（班）の話し合いで意見を交流させたうえで、全体での協議に移るという流れです。詳しくは、第1章7節「『席替え・班活動』のシステム」を参照してください。

指名の仕方を工夫する

教師が発言を促すと、すぐさま手をあげる反応のよい子がクラスには一定数いるものです。しかし、その子ばかりを指名していると、当然発言する子は偏ってきますし、何より一部の子どもたちに、「私1人ぐらい黙っていても授業は勝手に進む」という消極的な姿勢を生みかねません。

そこで大切なのが、指名の仕方を工夫することです。いつも挙手指名に頼るのではなく、列指名や意図的指名を積極的に取り入れます。私は、**多様な意見が出てきそうな発問をした際は、最初は列で指名します**。その後、ある程度意見が出たところで、「他にも何か言いたいことがある人？」と展開し、挙手した子を指名するようにしています。

また、ネームプレートを使って自分の立場を明確にさせ、その後で意図的指名を行う方法も効果的です。例えば「江戸幕府の鎖国政策に賛成？　反対？」と発問した際、黒板を2つに分けて、どちらかにネームプレートを貼らせます。そして、「では、〇〇くんはどうして賛成なの？」「〇〇さんの反対の理由は何？」と展開します。

こうすれば、一部の子に偏ることなく、全員をバランスよく発言させることができます。

個別学習のシステムを整える

子どもの時間を奪わないようチェックの仕方を工夫する

漢字の書き取りや計算練習、テスト前のプリントを使った総復習など、子どもたちの知識・技能を高めるうえで、個別学習は欠かせません。

私は、主に次のような流れで1時間の授業を進めています。

①最初の1問（1行）ができたら、教師のところへ持って来させる。
②次からは5問ごと、10問ごとなど、数を決めて持って来させる。
③すべて終わった子には、発展問題に取り組ませたり、他の子に教えて回るミニティーチャーの役を与えたりする。

最初の1問目を持って来させる理由は、学習内容が定着しているか、丁寧に書けているかなどを、一人ひとり見取るためです。1問目でつまずいている子は、当然その後の問題も正解できません。最初の段階で文字が雑になっている子は、当然その後も雑になるでしょう。**最初のハードルを確実に全員がクリアしてから次の段階に移らせることが大切**です。

2回目からは、5問ずつ、10問ずつと数を決めて持って来させます。これは、教師の前で行列ができて、子どもたちの時間を無駄にするのを防ぐためです。**計算ミスなどがあっても、ここではすぐに説明せず、「おしい！　もう一度自分で考えてごらん！」と笑顔で返します**。もちろん何度チャレンジしても正解にたどり着けない場合は、個別に指導する必要があるでしょう。

指定した問題がすべて終わった子には、発展問題に取り組ませるか、ミニティーチャーに任命して困っている子に教えて回るように指示します。私は常々、「人に教えることで、勉強の力がメキメキとつくんだよ」と子どもたちに伝えています。子どもたちが互いに勉強を教え合うことも、よりよい学級をつくるうえで時には必要だと考えます。

こうした学習活動を何度か行っているうちに、自然とシステム化され、子どもたちが自分の意思でどんどん動くようになります。

表現・創作活動のシステムを整える

活動に移る前に助走をつける

国語の作文やスピーチ活動、図画工作の作品づくりなど、子どもたちが自分の考えやアイデアで何かを表現したり創作したりする学習活動があります。このような学習の際、何の助走もなしに、「では、原稿用紙を配るので作文（スピーチ原稿）を書きましょう」「画用紙を配るので絵をかきましょう」と展開しても、なかなかうまくいきません。何かを表現したり創作したりするのが得意な子はよいですが、それ以外の子は、原稿用紙や画用紙の前で固まってしまうことが予想されます。

この形態の学習を成功させるポイントは、全体でアイデアをしっかりと集めたうえで活動に移らせるということです。

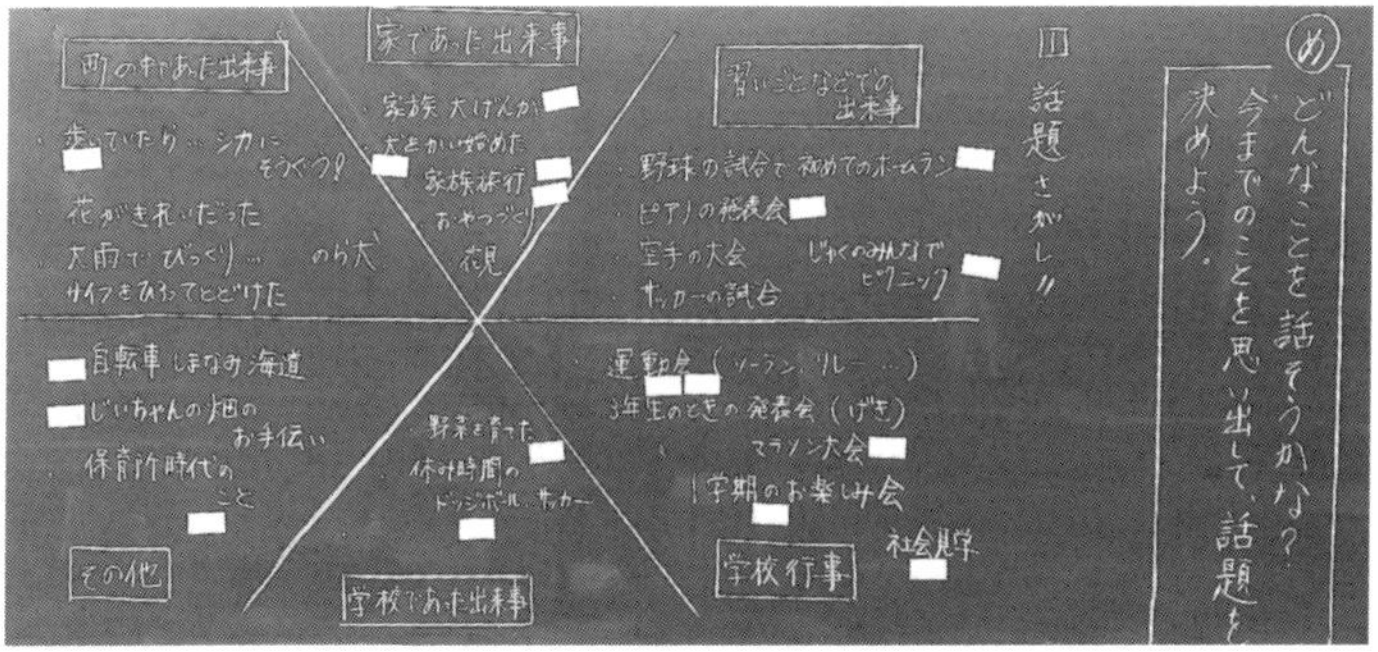

例えば、国語で、全員にスピーチを行わせるとします。その際、いきなり「身近なことについてスピーチ活動をするのでテーマを決めましょう」と展開しても、なかなか1人では決められない子もいるでしょうし、全員がありきたりのテーマに終始してしまう恐れもあります。

そこで、上の板書にもあるように、「学校であった出来事」「家であった出来事」「習い事の出来事」といった視点を与え、まずは自由に思いついたことを発言させます。ある程度黒板が埋まったところで、「では、この中から自分が話してみたいと思う内容にネームプレートを貼ってごらん」と展開します。こうすれば、全員が最初の1時間で、テーマを決定することができます。

国語の作文はもちろん、図画工作の作品づくりでも同様の展開をとれば、何をつくればよいかわからず、無駄に時間を過ごす子がいなくなります。

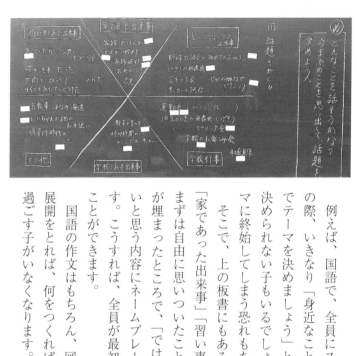

モデルを示し、自分なりの工夫をしようとしている子をほめる

テーマが決まったら、次に行うべきは、モデルとなる型を示すことです。スピーチ活動であればモデルとなる話し方、作文であればモデルとなる書き方、図画工作の作品づくりであれば作品例などがこれに当たるでしょう。

モデルは、多くの場合教科書に掲載されています。これをそのまま活用してもよいですし、教師がオリジナルのモデルをつくってもよいと思います。書き方がわからない、つくり方がわからない子どもたちにとっては、心強い味方になるでしょう。

そのうえで大切なのが、モデル（型）に自分なりの工夫を加えようとしている子を見つけて、積極的にほめることです。

「書き出しを工夫したんだね。すごい！　読み手を引きつけるいいアイデアだよ」

「そんな絵の具の使い方をしたの？　よく思いついたね。すごい工夫だ！」

このような声かけです。活動を途中で止めて、子どもたちの作文を実物投影機で映したり、特定の子のまわりに他の子を集めたりしてもよいと思います。型を破ろうとしている子を見つけてほめる。学習活動でも守・破・離を教師が意識することが大切です。

付箋を使って評価し合う場を設ける

作文や絵画等の作品が完成した後、先生方はどのように相互評価をさせているでしょうか。子どもたち一人ひとりが一生懸命書いたりつくったりした作品です。ぜひとも教師だけでなく、子ども同士の評価も取り入れたいものです。

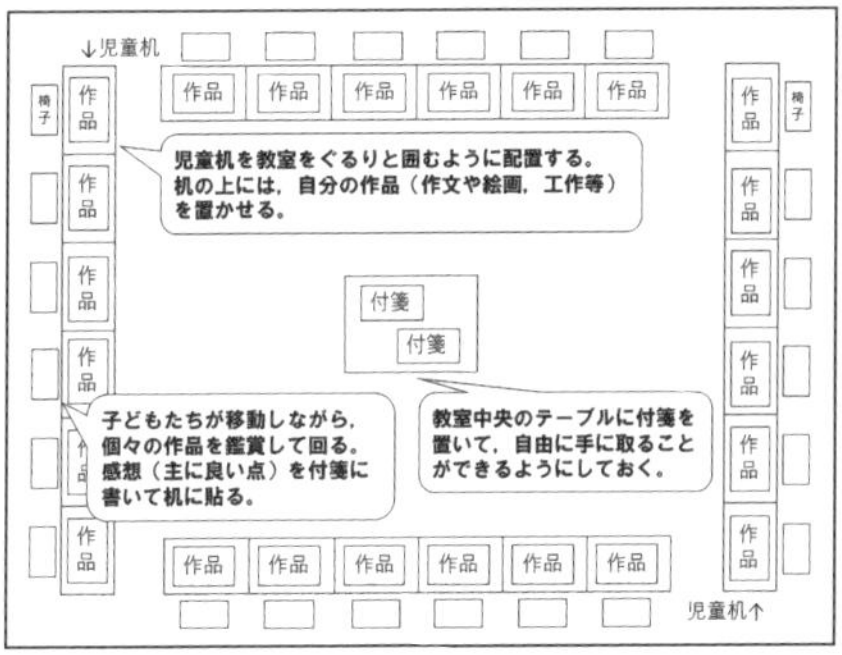

おすすめは、付箋を使った相互評価です。上に示したように机を配置します。子どもたちは、中央にある付箋を自由に取り、個々の作品のところへ行って作品を鑑賞し、コメントを書きます。付箋には、必ずよいところを1つ以上書かせます。**改善点を書く場合は、必ずよいところを書いたうえで書くように伝えます**。また、コメントに責任をもたせるために、付箋の最後には必ず自分の名前を書かせます。もちろん教師も付箋を書いて回りましょう。

1時間の最後には、教師や友だちのコメントを読み、うれしそうな表情を浮かべる子どもの姿が見られるでしょう。

テストのシステムを整える

テストにもシステムが必要

学習内容の定着状況を図るために、定期的にテストが行われていると思います。このテストにもシステムが必要です。

まず、小テストについてですが、漢字テストや計算テストは週1回程度のペースで行うようにします。最近では、小テストつきの漢字ドリルや計算ドリルも多く販売されていますから、年度はじめにそれらを採用すれば、教師にも負担なく小テストが進められます。

小テストの場合は、できた子からどんどん持って来させて、その場ですぐに採点するようにします。間違った問題はすぐに直させ、その日の自主学習などで復習をさせるようにします。

続いて、単元末テストや学期末テストですが、中学校や高等学校で行われているように、テストの1週間前には範囲を伝えるのがよいでしょう。私は、「テスト週間」と名づけて、その期間は毎日自主学習ノートを提出させるようにしています。

また、毎回プレテストを行うのも、子どもたちの点数を上げるうえでおすすめです。年度はじめにテストを選ぶ際、私は必ずプレテストつきのものを選ぶようにしています。プレテストはテストの前日に行う場合もありますし、1時間の中でプレテストと本テストを一度に行う場合もあります。後者の場合、**プレテスト配付→プレテストが終了したら挙手させてその場で採点→ミスがあった場合はすぐに直させる→個別に本テストを配付する**という流れです（時間内に全員が終わる見通しがある場合のみ実施可能です）。

テストの回収は、出席番号順に並ぶようなシステムをつくると、採点や得点記入の際に、非常に助かります。出席番号①の子が向きをそろえて①~⑤を集める、⑥の子が⑥~⑩を集める、⑪の子が⑪~⑮を集める…、最後にその子たちが出席番号順に重ねて提出という流れです。訓練すれば、低学年でもできるようになります。

なお、テスト返しの際は、きちんと直す時間を設けるようにしましょう。間違った問題は、小テストと同様、自主学習ノートに復習をさせるようにします。

を数多く見ることができます。その場でほめることも大切ですが，授業が終わる際に，全員の前でほめるのも効果的です。温かい雰囲気で授業を終えることができます。

❸次の授業の準備をしてから休けいさせる

私の学級では，授業終了後に，次の授業の準備をしてから休けいさせるようにしています。こうすれば，次の授業がスムーズに始められますし，忘れ物があっても早めに気づき，迅速に対応することができます。初日からこの休けい前の準備を徹底させます。

また，次の授業が教室移動を伴う場合は，早めにトイレや給水を済ませ，きちんと並んでから移動させるようにします。

5
「授業のおわり」のシステム

システムのポイント

❶授業のまとめや振り返りを書かせる

授業の最後はノートにまとめや振り返りを書かせます。最初は数行から始めてもかまいません。１年間続ければ，子どもたちの学習を振り返る力，書く力がどんどん向上していきます。内容（事実）と自分の考え（意見）を分けて書くように指導するのがポイントです。

また，日直が号令の際に，授業のまとめや振り返りを話すシステムをつくるのもおすすめです。これも１年間続ければ，子どもたちの話す力がどんどん向上していきます。最初に授業でわかったこと（内容）について，続いて自分が考えたことについて話させるとよいでしょう。継続は力なり。１学期当初はたどたどしくても，３学期になるころには，スラスラと話す子どもたちの姿が見られます。

❷授業の中でよかった点をしっかりとほめる

いつも手をあげられない子が勇気を出して挙手をした。いつもノートが雑になっている子が丁寧に書こうとがんばっていた。体育で子どもたちが助け合いながら活動できていた。日々授業を行っていると，こうした子どもたちの姿

授業のまとめや振り返りを書かせる

授業の内容だけでなく、自分の考えをしっかり書かせる

授業のおわりに、まとめや振り返りを書かせている先生は多いと思います。学習内容を整理するだけでなく、書く力を高めるうえでも、ぜひとも大切にしたい活動です。まとめや振り返りは、何も意識せずに書かせると、多くの場合「今日の勉強で…ということがわかりました」といった内容に終始してしまいます。そこで、**事実と意見を分けて書くように指導を行います**。

最初の段階では、3文で書くということを意識させましょう。1文目は、「今日は○○について勉強しました」、2文目は「○○は△△ということがわかりました」、3文目は、「これから…したいです」「なぜ…なのか疑問でした」といった具合です。

まとめ・ふり返りの書き方の基本　※あくまでも基本なので，慣れてきたら，どんどん自分流で書こう！

1文目　何を学習したかを書く。

（例）・今日は円の面積の求め方を学習しました。
・今日はなぜ源頼朝が鎌倉に幕府を開いたのかを学習しました。

↓

2文目　何を学んだかを書く。

（例）・円の面積は半径×半径×3.14で求められることが分かりました。
・源頼朝が鎌倉に幕府を開いたのは，敵から攻められにくい地形であることや京都（朝廷）から遠いことなどが理由であることが分かりました。

↓

3文目～ 自分の考え（感想・疑問・学び方など）を書く。

（例）・この公式を使えば，半円やおうぎ形の面積も求められそうです。
・源頼朝はすごく頭がいいと思いました。鎌倉に敵が攻めてきたとき，地形を利用して，どんな戦い方をしたのか知りたいです。
・〇〇くんの意見がすごいと思いました。ぼくももっと資料を読み，自分の考えがもてるようになりたいです。

このうち、特に重要なのは3文目です。学習した内容に対して自分の考えをもつというのは、どの教科・領域においても、欠かすことのできない資質・能力と言えるでしょう。

子どもたちが進んで自分の考えを書けるように、上のようなシートを作成し、年度はじめにすべてのノートに貼らせるようにします。

また、毎時間とはいきませんが、ときどき子どもたちの振り返りを、次の授業の最初に紹介するようにしています。写真を撮って、電子黒板等に映しながら読んであげると、いっそう効果的です。

なお、書いた内容をその時間内に全員発表できるのが理想ですが、さすがにその時間の確保は難しいと思います。そこで私の学級では、**号令の際に、日直がみんなの代表でまとめや振り返りを話すというシステム**を設けています。1年間続けると、話し方もどんどん上達していきます。

授業の中でよかった点をしっかりとほめる

子どもたちの心に響く話で、温かく授業を終える

第1章8節の「『1日のおわり・帰りの会』のシステム」で、1日のおわりの教師の話がいかに大切かを説明しました。これは帰りの会だけでなく、1時間1時間の授業においても同様のことが言えます。

子どもたちをよく観察していると、日々様々な場面で成長が見られます。なかなか手をあげなかった子が勇気を出して挙手をしたり、ノートが雑になりがちな子がすごく丁寧に書こうとがんばっていたり…。こうした姿を見かけた際、その場で個別にほめるという方法もありますが、授業の最後までとっておいて、全員の前でほめることも、子どもたちの自己肯定感を高めるうえで非常に効果的です。

私はよく、**日直が最後に「礼」と言う直前で、滑り込むように号令を止め、子どもたちをほめます。**

例えば、以下のような流れです。

日直 これで3時間目の算数の授業を終わります。気をつけ。れ…。
教師 あっ、ごめん、ちょっと待って。今の授業でね、先生がすごく感動したことがあるんだよ。これだけはどうしても言わせて。○○さんが計算の答えを発表して間違えちゃったよね。でもみんなは責めなかった。それどころか、どこが違うのか、やさしく説明してあげていたよね。先生、すっごくうれしかったんだよ。いいクラスだなぁって。これだけはどうしても言いたかった。以上、終わり。では、日直さん、続きをどうぞ。
日直 気をつけ、礼。
子ども ありがとうございました。

このように、授業の中で子どもたちのよかった姿を具体的に取り上げ、温かい雰囲気で授業を終えるのがポイントです。もちろん毎時間行っているとわざとらしくなるので、ときどきでよいと思います。「ここぞ」という場面でぜひ試してみてください。

次の授業の準備をしてから休けいさせる

休けいに入る前に

私の場合、授業終了後、次の授業の準備をしてから休けいさせるようにしています。次の授業がスムーズに始められますし、忘れ物があった場合も、早めに気づかせることができるので、休けい時間の間に迅速に対応できるという利点があります。

1年間の最初の授業で、少し早めに授業を終え、**「次の時間は○○ですね。では、必要な準備をした人から休けいに入ってください」**と指示します。

それ以降は、進んで準備をしている子を見つけ、とにかくほめ続けます。

「○○さんが、休けい前にきちんと準備をしているよ。さすがだなぁ」

ほめ続けることで、この休けい前の準備もどんどんシステム化されていくでしょう。

教室移動はゆとりをもって

理科室や音楽室、体育館など、授業によっては教室移動を伴うものがあると思います。この場合は、授業後に準備をさせると、トイレや給水を速やかに済ませ、すぐにでも廊下に並ばせるようにします。

教室移動は、原則並んで、静かに移動させるようにします。この点については、きちんと子どもたちに理由を説明した方がよいでしょう。

教　師　学校で事故がよく起こるのはいつでしょう？　答えは、休けい時間です。特に廊下や階段での事故が多い。どうしてだかわかりますか？

子ども　廊下や階段を走っているからだと思います。

教　師　その通り。では、どうしていけないとわかっていても走ってしまうのかな？

子ども　間に合わないと思って、焦ってしまうからだと思います。

教　師　そう。だから移動教室は必ず早めに並んで、静かにみんなで移動しましょう。

何事も最初が肝心です。初日からしっかりと指導していきましょう。

ればよいというわけではなく，学級文庫を充実させたり，おすすめの本を紹介したりして，子どもたちが本を読みたくなるようなしかけづくりが教師には求められます。

❹自主学習はいろいろなパターンを示す

中学年を担任するときは，週に１回程度，高学年であれば２日に１回程度のペースで自主学習に取り組ませています。何を勉強すればよいかわからないという子のために，「自主学習の手引き」を配付し，具体的なアイデアを提供します。子どもが提出した自主学習ノートにはひと言コメントを書いて返すのを忘れずに。がんばったことを，しっかりとほめてあげましょう。

6

「宿題」のシステム

システムのポイント

❶日記（短作文）を毎日書かせる

私は，漢字・計算・読書に加え，日記を毎日の宿題としています。日記といっても，それほど長い文章を書かせているわけではありません。数行程度の短作文です。子どもたちが書く材料（ネタ）に困らないように，曜日ごとに内容を決めています。また，子どもたちの作文には，しっかりとコメントをつけて返すようにしています。

❷新出漢字はドリル→ノート→プリントの順で定着を図る

私の経験上，漢字の宿題は，方法を変えながら何度も反復させた方が，定着率が上がります。新出漢字は学期はじめの1～2か月で終わらせ，漢字ドリル→漢字ノート→漢字プリントの順でそれぞれ集中的に取り組ませます。同じ問題に形を変えて何度も取り組ませることで，確実に定着させていきましょう。

❸読書を毎日の宿題に取り入れる

読書習慣を身につけさせるために，読書（10分以上）を日々の宿題に取り入れています。もちろん，ただ宿題にす

日記（短作文）を毎日書かせる

学年に応じた無理のない分量で、毎日日記を書かせる

私の経験上、1年間毎日作文に取り組んだクラスと、そうでないクラスとでは、文章を書く力や自分の考えをもつ力に驚くほど大きな差が生まれます。「継続は力なり」という言葉にもあるように、作文はとにかく毎日続けることが大切です。

しかし、毎日とはいっても、たくさんの文章を書かせるわけではありません。私が中学年以上を担任する際は、4月は100字作文から始めます。100字というと、200字作文帳のちょうど半分の量です。初日に「これから毎日作文に取り組んでもらいます」と伝えると、たいていの子どもは嫌な顔をしますが、100字だとわかると、どの子も「それならできそう」と安心した表情を浮かべます。

1週間のメニューを決める

作文一週間メニュー

曜日	テーマ	書くこと
月曜日	本しょうかい日記	最近読み終えた本や今読んでいる本のしょうかい文を書く。（数週間同じ本のしょうかいになってもよい）
火曜日	ＭＹブーム日記	遊び，ゲーム，スポーツ，アニメ，音楽，ドラマ，映画など，今はまっていることを書く。
水曜日	家族・友だちしょうかい日記	家族やペット，友だちのしょうかい文を書く。習いごとのコーチや先生のしょうかいでもよい。
木曜日	もしも日記	「もしも…だったら」をテーマに書く。「もしも」のテーマはそのときにお題を出します♪
金曜日	自由日記 金・土・日で1回書けばＯＫ	一週間のできごとで書きたいことを書く。とくに週末のできごとでなくてもよい。学校でのできごとでもＯＫです！

※基本的にこの内容で書きますが，自分がどうしても書きたいことがあれば，それを書いてＯＫです。また，時々「ゲーム作文」もあります。お楽しみに！

子どもが毎日の日記を嫌う理由として、書く内容が決まらないということがあげられます。そこでおすすめなのが、1週間のメニューを決めてしまうという方法です。私の学級では、上のようなメニュー表を配付し、毎日作文を書かせるようにしています。

メニュー（題材）の内容は、先生が決めてもよいですし、みんなで話し合って決めてもよいでしょう。学期ごとに変更してもよいと思います。ときどき「月曜日のメニューは本の紹介ですが、別のことを書いてもいいですか？」と子どもに聞かれることがあります。メニューは題材が決まらない子を手助けするものなので、**他に書きたいことがあれば、どんどん自由に書いてよいことにしています。**

コメントを書いて励まし続ける

子どもたちにとって、教師からのコメントは何よりも大きな励みになります。教師の仕事は多忙ですが、可能な限り、しっかり赤ペンでコメントを書いてノートを返すようにします。

私は、毎日の日記は、教師と子どもとの心のキャッチボールだと思っています。誤字脱字の添削はほどほどにして、内容面でしっかりコメントを返すことをおすすめします。ときどき「先生の好きな食べ物は何ですか？」といった質問を受けることがあります。また、「○○さんとけんかをしてしまいました。どうすればいいですか？」といったお悩み相談を受けることもあります。こうしたやりとりは、子どもとの信頼関係を築く絶好のチャンスです。全力でコメントを書いて返すようにしています。

もちろん、学級の人数が多く、とてもコメントが間に合わないという場合もあるでしょう。その場合は、**子どもたちに2冊ノートを持たせて交互に提出させ、放課後にゆっくりコメントを書くという方法**もありますし、毎日の日記を数日おきにするという方法もあります。教師自身にも無理のないように、学級の状況に応じて取り組んでみてください。

ゲームの要素を取り入れる

毎日同じように作文を書かせていると、次第に活動がマンネリ化し、子どもの意欲が低下してしまいます。そこで大切なのが、ときどきゲームの要素を取り入れるということです。私が過去に実際に行ったアイデアを示すので、ぜひ参考にしてみてください。

漢字チャンピオン日記

その日の日記で、いくつ漢字を使ったかを競う活動。書いた分量に差があると不公平になるので、その日だけは、ノート1ページ以内などと限定をかける。

暗号日記

暗号のように、簡単には読めない作文を書く活動。ローマ字を使って書いたり、万葉仮名を使って書いたりする。翌日に班で読み合わせると盛り上がる。

大喜利日記

「もし自分が校長先生になったら？」「無人島に1つだけ持っていくなら？」などのお題に対する回答のおもしろさを競う活動。おもしろい回答は帰りの会で紹介。

新出漢字はドリル→ノート→プリントの順で定着を図る

新出漢字は学期はじめの1～2か月ですべて終わらせる

子どもたちがなかなか漢字を覚えない。漢字ノートはきれいなのに、学期末のテストではいつも点数が悪い。このような悩みを抱えておられる先生は多いと思います。この悩みは、方法を少し変えるだけで、簡単に解決することができます。

まず1学期間を3つのピリオド（期間）に分けます。最初のピリオドでは、ひたすら漢字ドリルを終わらせることに集中します。ここでは、筆順や正確に書くことを最重要課題とします。2つ目のピリオドでは、漢字ノートをひたすら書かせます。最近では、市販のドリルとセットになったノートがあるので、それを活用してもよいかもしれません。そして最後のピリオドでは、プリントを毎日の課題とし、確実な定着を図ります。

1学期の場合
第1ピリオド（4月上旬～5月中旬）…漢字ドリルをすべて終わらせる
第2ピリオド（5月中旬～6月下旬）…漢字ノートをすべて終わらせる
第3ピリオド（6月下旬～7月下旬）…1学期に習った漢字プリントに毎日取り組む

この方法だと、子どもたちは少なくとも習った漢字を、ドリル・ノート・プリントと3回繰り返すことになります。もちろん、プリントも同じものを何度も繰り返せば、その回数はもっと増えるでしょう。定期的に漢字テストを行い、間違った問題を自主学習などで取り組ませれば、さらに定着率は上がります。

エビングハウスの忘却曲線をご存じの方も多いと思いますが、**記憶がわずかでも残っているうちに反復学習を行うことで、その記憶をより確かなものにすることができます。**私もこの方法に変えてから、学期末の子どもたちの漢字テストの点数が驚くほど上がりました。

読書を毎日の宿題に取り入れる

読書カード（読書ファイル）を用意し、毎日提出させる

読書習慣を身につけさせるために、私の学級では、毎日の宿題に読書を取り入れています。次ページにあるような読書カードを用意し、何の本を、どれくらい読んだのかを記録し、提出させるようにしています。

目安は10分以上としていますが、それ以上でも以下でもかまいません。疲れていたり忙しかったりして読書ができなかった日は、空欄で提出することも認めています。強制力がありすぎるとかえって読書嫌いを生んでしまうので、そうならないようにするためです。

それよりも大切なのは、**子どもたちの興味関心が本に向かうように、学級文庫を充実させたりおすすめの本を紹介したりすること**だと考えます。

すでに第1章2節で紹介しましたが、私はとにかく学級文庫を充実させることに力を入れています。帰りの会の「先生の話」でおすすめの本を紹介すると、いつも「持って帰って読んでいいですか?」と子どもたちが集まってきます。このように、子どもたちの意識が本に向かうようなしかけづくりが教師には求められます。

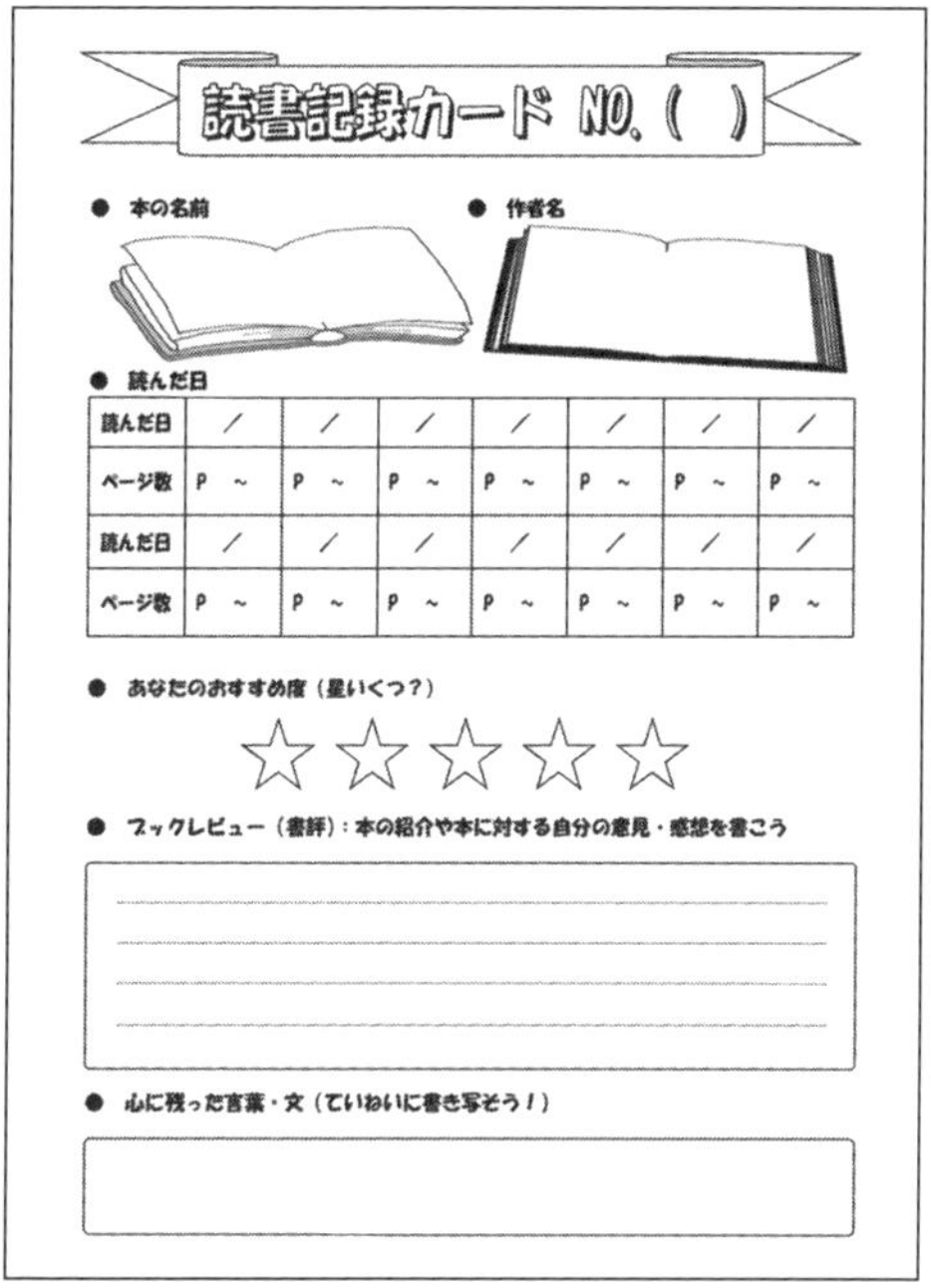
読書記録カード NO.(　)

● 本の名前　● 作者名

● 読んだ日

読んだ日	/	/	/	/	/	/	/
ページ数	P ～	P ～	P ～	P ～	P ～	P ～	P ～
読んだ日	/	/	/	/	/	/	/
ページ数	P ～	P ～	P ～	P ～	P ～	P ～	P ～

● あなたのおすすめ度（星いくつ?）

☆☆☆☆☆

● ブックレビュー（書評）：本の紹介や本に対する自分の意見・感想を書こう

● 心に残った言葉・文（ていねいに書き写そう!）

なお、上に示したのは、高学年用の読書カードです。本1冊につき、このようなカード1枚を記録させています。また、日直スピーチ（第1章3節参照）では、ここにメモした内容を基に、ときどき読んだ本を紹介するスピーチも行わせています。

低学年や中学年では、もっと簡素化した読書カードを使用しています。

自主学習はいろいろなパターンを示す

自主学習の手引きを配付し、コメントで励ます

自主学習の手引き

今日の自主学習は何をしようかな・・・なかなかテーマが決まらないときは，ぜひこの「自主学習の手引き」を参考にしよう♪

【国語】
・漢字の練習に取り組む。
・教科書の文章の一部を視写する。
・ことわざや四字熟語などを調べる。
・「だから」「しかし」などのつなぎ言葉を使った短文づくりに取り組む。
【社会】
・都道府県別の特産物を調べてみる。
・世界の国の人口や首都，文化について調べる。
・歴史上の人物についてくわしく調べる。
【算数】
・計算ドリルで苦手な内容を復習する。
・学習した図形を使ってもようをかいてみる。
【理科】
・教科書を参考に，観察・実験したことをまとめる。
・地球の謎（宇宙・大地・生物など）を調べる。
【そのほか】
・音符の種類と意味をまとめる。（音楽）
・調理や裁縫のしかたをまとめる。（家庭科）
・保健の内容を復習する。（体育）

など

自主学習を何年生から始めるべきかについては、明確な答えがあるわけではありませんが、私は、中学年から週1回程度、高学年になると2日に1回くらいのペースで取り組ませています。

子どもたちが最も悩むのが、日記と同じで、内容を何にするかということです。そこで上のような自主学習の手引きを配付して、参考にさせています。

自主学習は、何をするかというところから、子どもたちが悩みに悩んでやり遂げた1ページです。そのがんばりをたたえるコメントを書いてノートを返すようにしましょう。

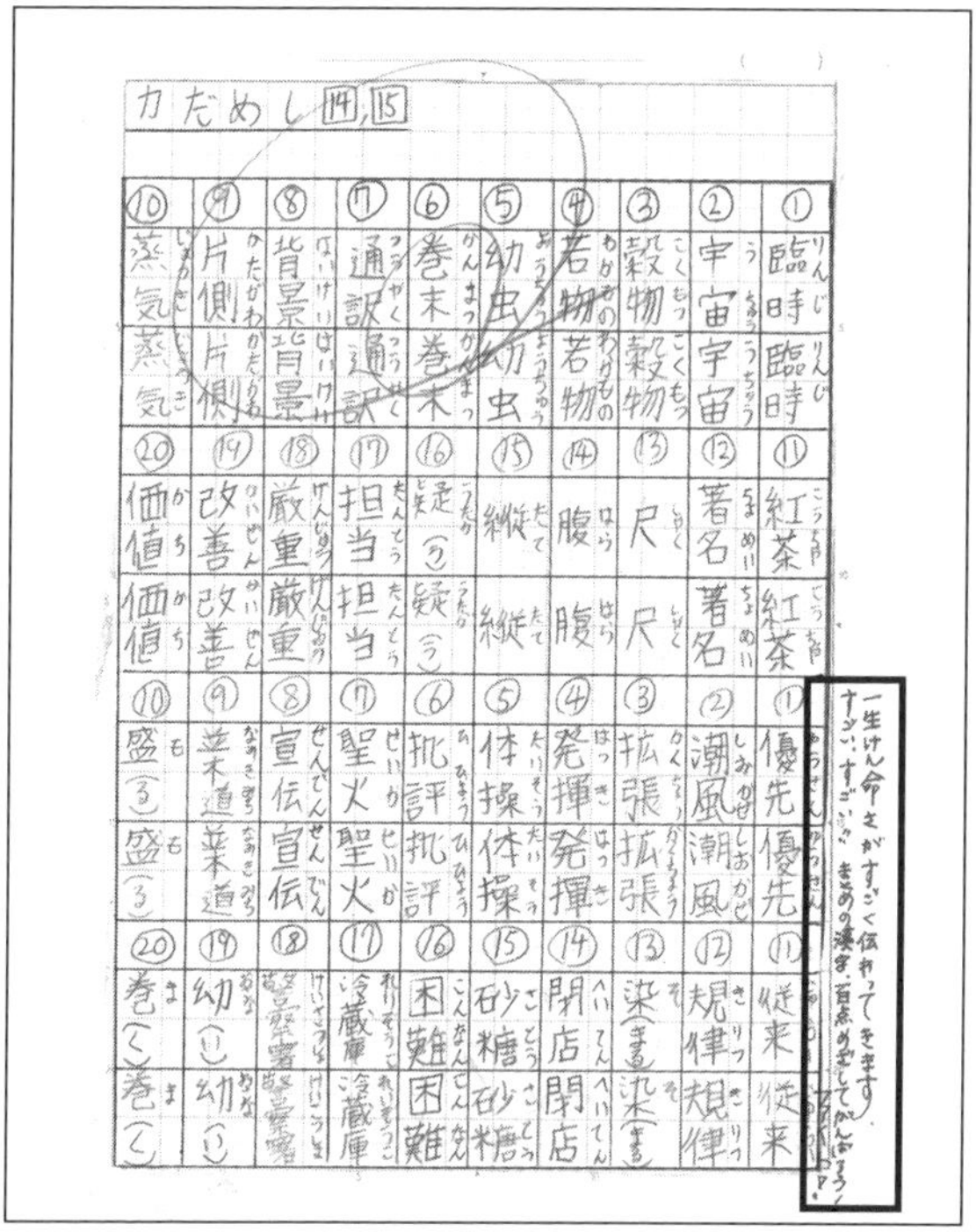

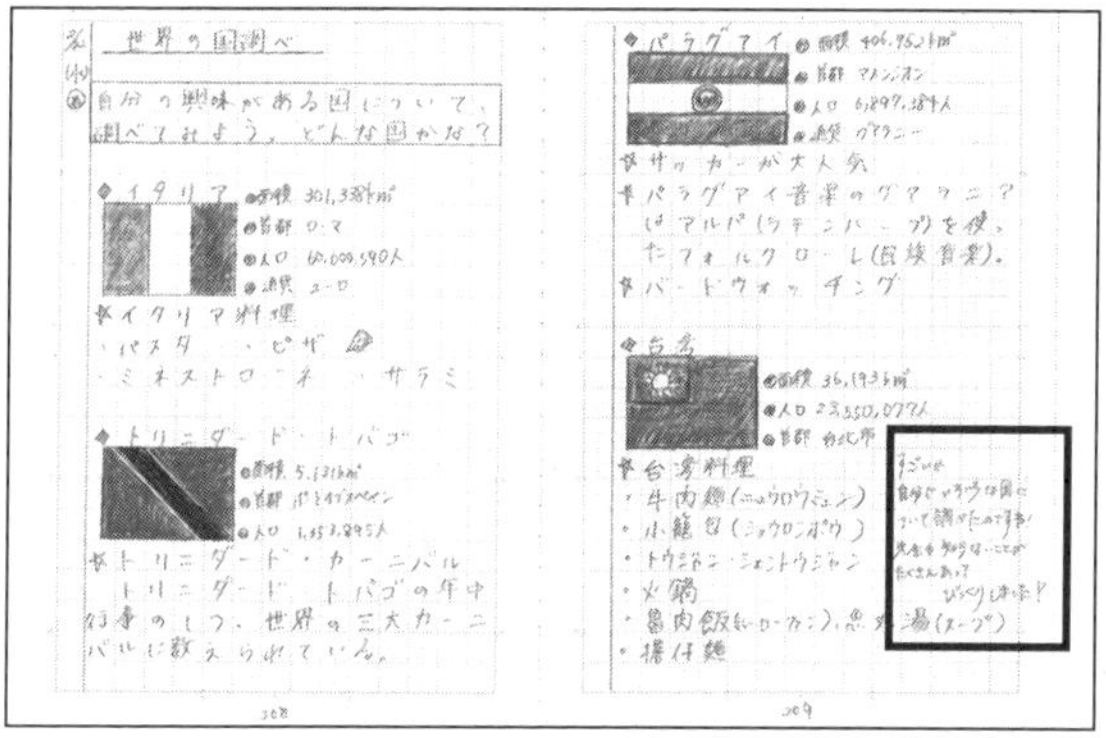

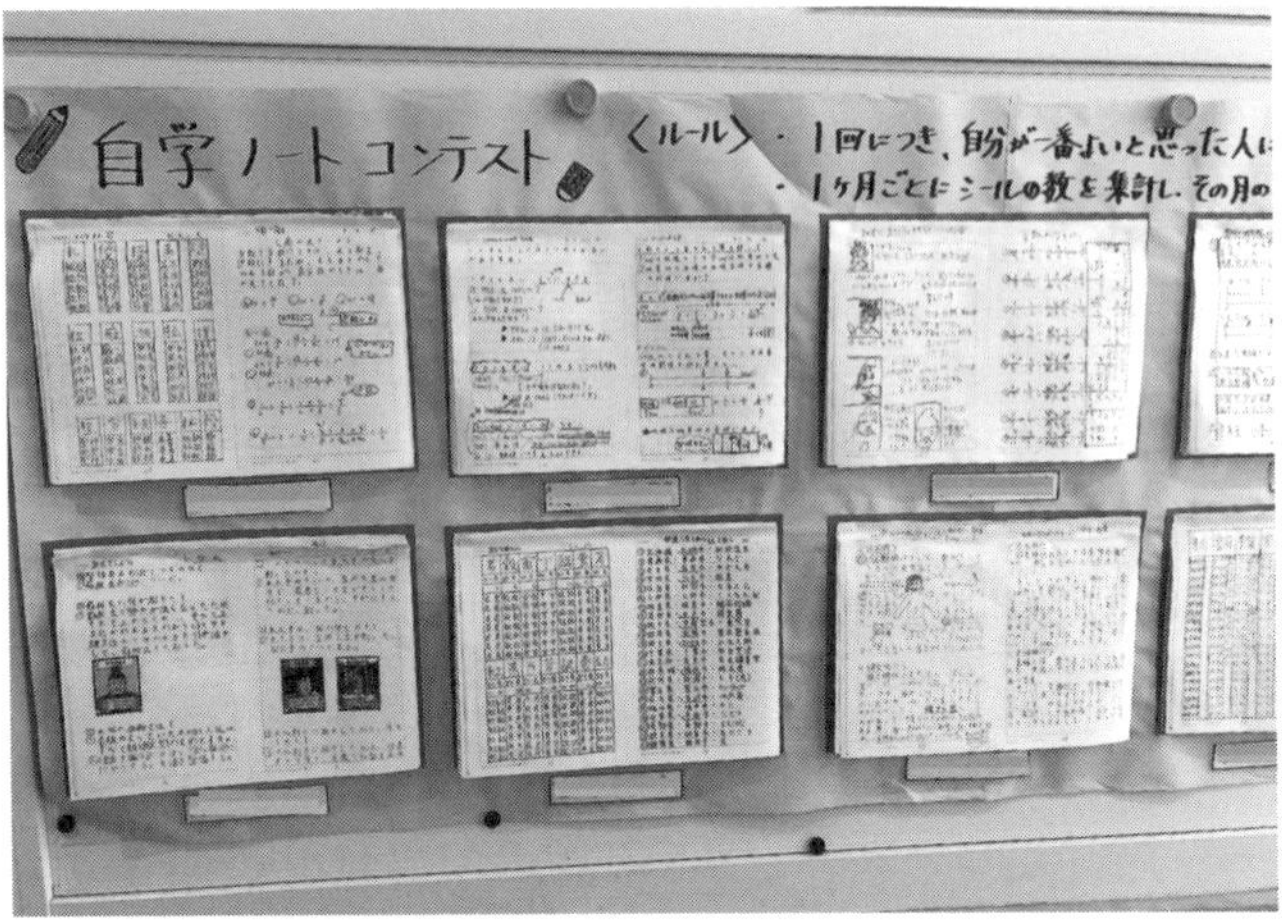

自学ノートコンテストを実施する

私の学級では、月に1回程度、全員分の自主学習ノートのコピーを掲示し、一番よいと思ったノートに各自が投票する「自学ノートコンテスト」を行っています。

掲示するページは、1か月に取り組んだノートの中から自分で選択させます。投票期間を決めて、自分が参考にしたいノートに、自由にシールを貼らせます。見事1位になった子には、係の子から表彰状が贈られます。

もちろん毎日は無理ですが、ときどきこうした取組を行うことも、子どもたちの自主学習への意欲を高めるうえで効果的です。

おわりに

　ここまで、様々な学級・学習のシステムのつくり方について説明してきましたが、いかがだったでしょうか。先生方の日々の悩みを少しでも解決に向かわせるヒントがありましたでしょうか。たくさんの方法を本書で紹介しましたが、もちろんそのすべてを実践していただく必要はないと思います。先生方が担任されている学級の実態に応じて、「この方法は使える！」と思われたものを、うまく取り入れていただければ幸いです。
　終わりになりましたが、一公立教員である私に、このように執筆の機会を与えてくださった明治図書出版の皆様に、心より感謝申し上げます。同時に、学級担任である私に、一生懸命ついて来てくれたすべての子どもたちに感謝の思いを伝えます。本当にありがとうございました。

２０２３年１月

有松浩司

【著者紹介】
有松　浩司（ありまつ　こうじ）
1979年，広島県生まれ。2001年より教職に就く。広島県内の公立小学校教諭を経ながら，2008年に授業研究サークル「STORY」を発足。広島県内の熱意ある若手教員と共に，切磋琢磨しながら日々授業研究に励んでいる。現在は広島県竹原市立忠海学園（義務教育学校）教諭。主な研究教科は国語科と道徳科で，研究内容は国語教育，道徳教育，メディアリテラシー教育，ICT を活用した教育活動全般と，多岐に渡る。第31回道徳と特別活動の教育研究賞で文部科学大臣賞・最優秀賞，第68回読売教育賞で最優秀賞を受賞。
著書に，『国語板書スタンダード＆アドバンス』（単著，明治図書，2022），『道徳板書スタンダード＆アドバンス』（単著，明治図書，2020），『小学校道徳指導スキル大全』（共著，明治図書，2019）など。

自治的なクラス、進んで動く子どもが育つ
学級システム大全

2023年２月初版第１刷刊　©著　者　有　松　浩　司
2023年11月初版第２刷刊　発行者　藤　原　光　政
発行所　明治図書出版株式会社
http://www.meijitosho.co.jp
（企画）矢口郁雄（校正）大内奈々子
〒114-0023　東京都北区滝野川7-46-1
振替00160-5-151318　電話03(5907)6701
ご注文窓口　電話03(5907)6668

＊検印省略　組版所　株　式　会　社　カ　シ　ヨ

Printed in Japan　ISBN978-4-18-223827-7